绘图耻节经典故事

中国古代传统美德经典故事丛书

邓启铜 注释

东南大学出版社
SOUTHEAST UNIVERSITY PRESS

图书在版编目（CIP）数据

绘图耻节经典故事/邓启铜注释. —南京：东南大学出版社，2015.9
(中国古代传统美德经典故事丛书)
ISBN 978-7-5641-5924-5

Ⅰ.①绘… Ⅱ.①邓… Ⅲ.①品德教育-中国-青少年读物 Ⅳ.①D432.62

中国版本图书馆 CIP 数据核字(2015)第 165370 号

绘图耻节经典故事

责任编辑	彭克勇
封面设计	林绵华
出版发行	东南大学出版社
社　　址	南京市四牌楼2号　邮编：210096
出版人	江建中
网　　址	http://www.seupress.com
印　　刷	东莞市信誉印刷有限公司
开　　本	787mm×1092mm　1/16
印　　张	12.5
字　　数	250千字
版　　次	2015年9月第1版
印　　次	2015年9月第1次印刷
书　　号	ISBN 978-7-5641-5924-5
定　　价	24.80元

东大版图书若有印装质量问题，请直接向营销部调换　电话：025-83791830

前言

中华优秀传统文化是习近平总书记十八大以来治国理念的重要来源。一个国家一个民族的强盛总是以文化兴盛为支撑的，没有文明的继承和发展，没有文化的弘扬和繁荣，就没有中国梦的实现。

目前，举国上下都在践行社会主义核心价值观，即"富强、民主、文明、和谐、自由、平等、公正、法治、爱国、敬业、诚信、友善"，就其本质，与我们中华传统美德提倡的"四维八纲"即"孝悌忠信，礼义廉耻"是一致的。

民国初年，湖州老儒蔡振绅从小受父亲每晚讲一段古人嘉言懿行的故事教诲，他七岁读完《四书》，十岁读毕《五经》，十一岁读完二十一史及《尔雅》诸书，有深厚的学养和德行。当时中国动荡不安，世风愈下，德教沦丧。蔡振绅先生立志将中国传统美德故事按"孝悌忠信，礼义廉耻"汇集起来教化世人，特别是对孩童进行传统美德的教育。他找到志同道合的朋友，以正史中的故事为依据，共集了七百六十八个精彩故事，配上精美版画，再配以诗词教导儿童，这些故事都是精挑细选，可歌可泣，读后感人至深，每则故事后引用当时贤达人士的评语，发人深省。

由于当时时局的动荡，这套《八德须知》未能在社会上广为流布。根据四集自序,当时上海战事忽起,"振绅以二集三万二千部仅寄出三分之一,其已印就而尚未装订者有二万余部在战场之中无法取出……当炮火最烈之日,案前墙垣被震摇动频有崩圮之虞,甚至窗门自动震开,且相离数丈之地发现炸弹一枚亦未爆裂,幸此心未动……。"可以想见此书之不易!所幸三年前我收集到此书,看到如此精美的版画,我惊艳无比!特别是读到这些经典美德故事,让人掩卷沉思。

弘扬优秀中国传统文化,移风易俗,拯救社会道德滑坡,必须从德育教育抓起。必须从中小学少年儿童抓起,这些美德故事,分为孝、悌、忠、信、礼、义、廉、耻八个方面,各九十六则经典故事,这些故事都是历史上耳熟能详的、感人肺腑的典故,少年儿童从小熟悉这些故事,不但可以将中华传统美德植根于内心,更可以熟悉历史,从而受益终生。当然,囿于作者当时所处的社会,他所选取的故事有些明显带有局限性。在今天看来,有些虽符合传统道德标准,却违背了人性,甚至是违背了法制精神。我们在阅读时,一定要注意取其精华弃其糟粕,才符合当前弘扬优秀传统文化的精神。

这些故事,每段仅有八十余字,非常适合少儿阅读,译者注释和翻译了全文。因涉及面太广泛,有些人名、地名未能查到,有些是原书中存在的错误,特别是地名的变迁,非常复杂,来不及细考。书中存在的错讹,敬请读者不吝赐教,以便修订时更正。

邓启铜

2015.6.12

目录

一	chéng tāng fàng jié 成汤放桀	002
二	yí qí cǎi wēi 夷齐采薇	004
三	gōu jiàn cháng dǎn 句践尝胆	006
四	qiū míng sù chén 丘明素臣	008
五	xiàng rú chēng jí 相如称疾	010
六	mèng sūn kè jǐ 孟孙克己	012
七	liú kuān duō shù 刘宽多恕	014
八	zhēn yǔ shòu yáng 甄宇瘦羊	016
九	wáng liè wèi bù 王烈遗布	018
十	guǎn níng shàn huà 管宁善化	020
十一	wáng jǐ bù qū 王济不屈	022
十二	zhū chōng sòng niú 朱冲送牛	024
十三	dào qián jī chǐ 道虔激耻	026
十四	yuán yǎn bì dào 元琰避盗	028
十五	hóng jǐng yì cāo 弘景异操	030
十六	jí fēn jù jǔ 吉翂拒举	032
十七	yú yì jué sòng 于义决讼	034
十八	lǐ mì bào ēn 李泌报恩	036
十九	qián huī fén shū 钱徽焚书	038
二十	xuē kuí yōu kuì 薛奎忧愧	040
二十一	lú gé bì shì 庐革避试	042
二十二	chún rén wú kuì 纯仁无愧	044

二十三	dù yǎn láo lì 杜淹劳力	046
二十四	wáng shù xiū zhì 王恕羞贽	048
二十五	qiū qī shě shēng 邱妻舍生	050
二十六	huì qī yí dú 惠妻疑渎	052
二十七	lái qī xiū wǔ 莱妻羞伍	054
二十八	hú qī chǐ jiàn 胡妻耻见	056
二十九	bào fù nǚ zōng 鲍妇女宗	058
三十	jié gū fù huǒ 节姑赴火	060
三十一	rǔ mǔ kuì nì 乳母愧逆	062
三十二	bān zhāo nǚ jiè 班昭女诫	064
三十三	yì shěn cán qì 谥婶惭泣	066
三十四	guǎng nǚ jī fāng 广女击芳	068
三十五	cuī lú shì xùn 崔卢仕训	070
三十六	lǐ zhèng zé zǐ 李郑责子	072
三十七	yú zhèng xiū shuài 余郑羞帅	074
三十八	wáng lǐ duàn bì 王李断臂	076
三十九	shū niáng gǎn fèn 淑娘感愤	078
四十	zhū chén bù rǔ 朱陈不辱	080
四十一	xiè lǐ xī yán 谢李惜颜	082
四十二	yú wén duàn fā 余闻断发	084
四十三	zhāng liú huǐ kàng 张刘毁炕	086
四十四	xú hòu nèi xùn 徐后内训	088

四十五　贵梅隐恶 …… 090	七十一　虎臣辱贾 …… 142
四十六　严许不腼 …… 092	七十二　如雷耻举 …… 144
四十七　赖刘砥节 …… 094	七十三　御妻求去 …… 146
四十八　魏氏防玷 …… 096	七十四　乐妻婉谏 …… 148
四十九　士会有耻 …… 098	七十五　叙母勉子 …… 150
五　十　启疆谏王 …… 100	七十六　王异激昂 …… 152
五十一　豫让行乞 …… 102	七十七　许阮愧允 …… 154
五十二　释之结袜 …… 104	七十八　彭娥石鸡 …… 156
五十三　张磐面对 …… 106	七十九　寡淑无惭 …… 158
五十四　嵇康灭灯 …… 108	八　十　元妃受楚 …… 160
五十五　沈劲立勋 …… 110	八十一　房崔愧心 …… 162
五十六　麒麟羞刘 …… 112	八十二　卢姨答狄 …… 164
五十七　崔劼立身 …… 114	八十三　湛妻激贲 …… 166
五十八　王颁谢官 …… 116	八十四　赵女惜颜 …… 168
五十九　李纲辞职 …… 118	八十五　张徐骂军 …… 170
六　十　师德忍辱 …… 120	八十六　张计何愧 …… 172
六十一　彦章求死 …… 122	八十七　李张题壁 …… 174
六十二　伯起志学 …… 124	八十八　李哥羞业 …… 176
六十三　安民免镌 …… 126	八十九　脱怀闭门 …… 178
六十四　士隆裂帛 …… 128	九　十　陶门四节 …… 180
六十五　张煮修陵 …… 130	九十一　傅祝投汪 …… 182
六十六　张浚手书 …… 132	九十二　义明不辱 …… 184
六十七　叶颙报赏 …… 134	九十三　唐王愧丽 …… 186
六十八　处厚取迁 …… 136	九十四　徐女密缝 …… 188
六十九　元定衾影 …… 138	九十五　张黄弃簪 …… 190
七　十　陈亮避曾 …… 140	九十六　谢刘一间 …… 192

句践尝胆图

一 成汤放桀

成汤救世
誓师於郊
自謂慙德
放桀南巢

【原评】汤三聘得伊尹，荐于桀，盖其心以为伐桀救世，不若使尹事桀，以止其乱。志正不在兴商也。至万不得已而放桀，独为有惭德。是故征诛吊伐，有汤之德则可，无汤之德则篡也。其不为口实者几希矣。

【原文】商汤，契之后。初为诸侯，居亳①，三使聘伊尹。尹就汤，汤荐尹于桀。自亳凡五适夏，告以尧舜之道。桀终不听，暴虐愈甚。汤乃誓师攻鸣条②，放桀于南巢③。自以为有惭德，曰："予恐来世以台为口实④。"仲虺乃作诰以明之。

【注释】①亳：地名，在河南省商丘东南。②鸣条：在今山西省邑县西。③南巢：在今安徽省巢湖东北五里，后为紫微观。桀奔南巢，汤纵而不迫，故曰放。④台：我。

【译文】商朝的汤王，是契的后人。汤初时为夏朝诸侯，住在亳地。他三次遣差人去聘请伊尹，伊尹才到汤所在的亳地。汤又把伊尹推荐到桀王那里去。伊尹五次从亳到夏朝去，把古代贤君尧、舜的为君之道告诉桀王。但桀不听，反而更加暴虐。汤王不得已，兴师攻打鸣条，把桀流放到南巢去。汤觉得这样做未免有损德行，甚为惭愧，说道："恐怕后世的人会把我这样的举动作为话柄。"于是仲虺就做一篇诰文来陈述事实。

一 成汤放桀

二 夷齐采薇

> 伯夷叔齐洁身如玉
> 饿於首陽恥食周粟

【原评】 伯夷遵父命而逃,孝也;叔齐亦不立而逃,悌也。皆求仁得仁也。叩马而谏,忠也,亦义也。饿死首阳,其以伐纣为不仁不义乎。夫以独善其身谓仁义者,学夷齐可;以兼善天下谓仁义者,则学武王也。

【原文】 殷伯夷、叔齐,孤竹君之二子①,让国逃隐。闻文王作,同归于周。武王伐纣,夷齐叩马而谏,左右欲兵之②。太公曰:"此义人也。"扶而去之。武王已平殷乱,夷齐耻不食周粟。隐于首阳山,采薇而食③,遂饿死山下。

【注释】 ①孤竹:古国名,在今河北省。②兵:用兵器杀人。③薇:野豌豆。

【译文】 殷商末年时期的伯夷、叔齐,是孤竹国君主的两个儿子。他们辞让了国君的位子,逃去隐居了。他们听到周文王的兴起,就一同归顺到周文王那里去。后来周武王去讨伐纣王,他们两人就在马前劝谏。武王身边的人想用兵器来打他们。姜太公说:"这两个人很有义气。"就把伯夷、叔齐扶了去。等到武王平定了殷朝的乱事,建立了周朝,伯夷、叔齐觉得很羞耻,不肯吃周朝的粮食。两人到首阳山隐居,靠采摘野豌豆维生,最终饿死在首阳山下。

二 夷齐采薇

三 句践尝胆

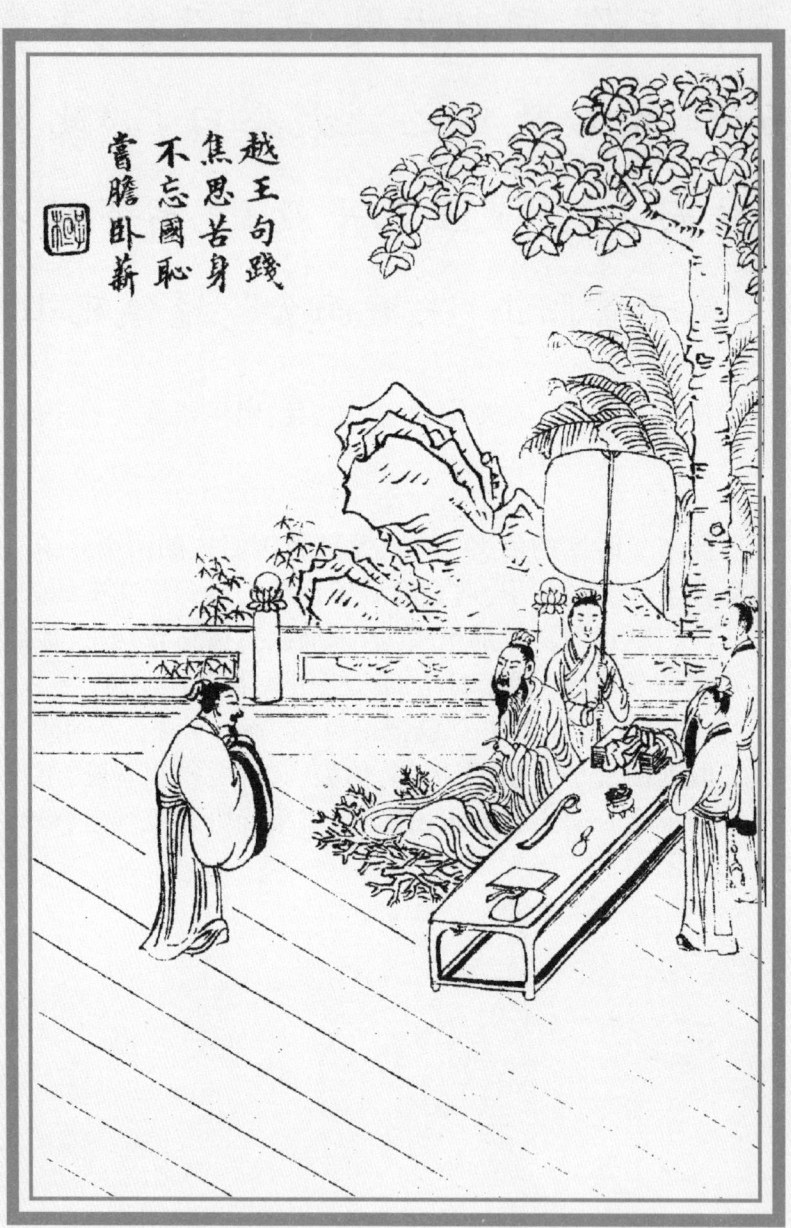

越王句践
焦思苦身
不忘国耻
尝胆卧薪

【原评】国耻不可不雪也,但雪之贵有道。句践卧薪尝胆,生聚十年,教训十年;五问于包胥。五对于诸大夫;内命夫人,外命大夫,曰:"内有辱,子也;外有辱,我也。"徇于军者十次。故能一举而雪会稽之耻焉。

【原文】周越王句践之困于会稽也①,喟然叹曰②:"吾终于此乎?"大夫种曰:"何遽不为福乎?吴既赦越,句践返国。乃苦身焦思,置胆于坐,坐卧即仰胆,饮食亦尝胆也,曰:"汝忘会稽之耻耶?"十年生聚,十年教训,卒沼吴以雪耻③。

【注释】①会稽:古地名,旧时的吴越地。在今绍兴市,因会稽山而得名。②喟然:感叹,叹息的样子。③沼吴:灭掉吴国。沼,使之变为沼地。

【译文】周朝越国的君主句践被吴国打败,困在会稽。他叹息道:"难道我这样就完了吗?"他的大臣文种说:"说不定这是福呢。"后来吴国饶了越国,越王句践返回越国。他刻苦耐劳,用尽心思,在自己的座位上悬一个苦胆。每逢坐和睡时,都会仰望这个苦胆;吃饭饮食时,就会舔尝这个苦胆。并且对自己说:"你会忘记在会稽所受的耻辱吗?"他花了十年工夫生养繁殖人口、累积资材,又花了十年工夫教化百姓。他最后终于灭了吴国,一洗在会稽之耻。

四 丘明素臣

丘明所耻
匿怨友人
巧言令色
足恭异伦

【原评】孔子述而不作,所作者惟《春秋》。左丘明惧妄意失真,具论其语而作传。孔子作《春秋》,而乱臣贼子惧;丘明传《春秋》,则乱臣贼子当更惧矣。孔子所耻,丘明亦耻之。杜预谓为素王、素臣,义自当也。

【原文】周左丘明,受经于孔子,因《春秋》作传。杜预云①:"仲尼为素王②,丘明为素臣③。"孔子尝曰:"巧言④、令色⑤、足恭⑥,左丘明耻之,丘亦耻之。匿怨而友其人⑦,左丘明耻之,丘亦耻之。"宋元丰中,诏左丘明从祀,封瑕丘伯⑧。

【注释】①杜预:西晋时期人,著有《春秋左氏经传集解》。②素王:具有帝王之德,未居帝王之位的人。③素臣:具有大臣之德,未居大臣之位的人。④巧言:表面上好听,而实际上虚伪的话。⑤令色:伪善,谄媚的脸色。⑥足恭:过度谦敬而谄媚于人。⑦匿怨:对人怀恨在心不表现出来。⑧瑕丘:地名,在山东省滋阳县西。

【译文】周朝的左丘明,在孔子那里学习经书,于是为孔子所述的《春秋》做了解释书义的传。晋朝杜预说:"孔子是位具有帝王之德,未居帝王之位的人;左丘明是位具有大臣之德,未居大臣之位的人。"孔子曾指出过有以下特点的三种人:说表面上好听,而实际上虚伪的话;有伪善谄媚的脸色;过度谦敬而谄媚于人。左丘明和孔子都为这三种人感到羞耻。而那种对人怀恨在心不表现出来的人,左丘明和孔子同样感到羞耻。后来在宋朝元丰年间,皇帝下诏在孔子大成殿里设祭左丘明,并追封他为"瑕丘伯"。

四 丘明素臣

五 相如称疾
wǔ xiàng rú chēng jí

相如忍辱
秦不加兵
廉颇感化
请罪负荆

【原评】蔺相如完璧归赵,人皆以为难,而相如不以为难;引疾避颇,人皆以为耻,而相如不以为耻。盖其所耻者,惟恐君国受辱,身辱犹其次也。卒至廉颇感悟,负荆请罪。人可不以国耻为重乎?

【原文】周蔺相如、廉颇,同仕赵。相如位居颇上,颇欲辱之。相如每称疾引避,人皆耻之。相如语舍人曰:"秦不敢加兵于赵,以吾两人在也。吾所为者,先国家之急,而后私仇也。"颇闻之,肉袒负荆①,造门请罪②。遂为刎颈交③。

【注释】①袒:脱衣露出上身。荆:荆条,刑杖。②造门:登门。③刎颈交:生死至友。言要同死生,即使断首而无悔。

【译文】周朝战国时,蔺相如与廉颇同在赵国做官。蔺相如的官比廉颇大,廉颇不服,想要羞辱蔺相如一番。蔺相如每次都推说有病,避免与廉颇接触,大家都替蔺相如觉得羞耻。蔺相如对他的家人说:"秦国之所以不敢攻打赵国,是因为我和廉颇都在的缘故。我要以国家利益为先,私仇为后。"廉颇听到这番话,脱去上身的衣服,背负荆杖,到蔺相如的家门请罪。两人于是结成了生死好友。

五 相如称疾

六 孟孙克己

孟孙克己
盛德孔多
助人採果
且避偷禾

【原评】淳于恭专以克己利人为务,未尝欲激人之知耻。而人受其感化,则羞恶之心,莫不油然作矣。且当遭寇之时,众莫事农桑,恭独力田。人曰:"死生未分,何空自苦?"恭曰:"纵我不得,他人何伤?"尤无我相也。

【原文】 汉淳于恭,字孟孙。家有山田果树,人或侵盗,辄助为收采①。见偷禾者,念其愧因伏草中,盗去乃起。里落化之。王莽末,恭兄崇,将为盗烹。恭请代,得俱免。后崇卒,养孤教诲,有不如法,恭用杖自箠②。儿惭而改过。

【注释】 ①辄:立即。②箠:鞭打。

【译文】 东汉时期的淳于恭,字孟孙。他家里有山田和果树,有人去偷盗他的果子,他就去帮他们摘下来。看见有人来偷他田里稻子时,他怕偷稻的人感到惭愧,就自己伏在草里,等那偷稻的人走了才起来。于是,他乡里的人都受到了他的感化。王莽朝末期,淳于恭的哥哥淳于崇被强盗捉走,将要被煮吃的时候,淳于恭就去请求代替哥哥死,于是两兄弟都幸免于死。后来淳于崇死了,淳于恭教养哥哥遗下的孤儿,倘若孩子有不合道法的举动,淳于恭就杖打自己。孩子知道后感到惭愧,就改正了过错。

六 孟孙克己

七 刘宽多恕

刘宽示辱
仅以蒲鞭
失牛误认
徒步归焉

【原评】逯乡侯事有功善，推之自下。灾异或见，引躬自责。见父老慰以农田之言，少年勉以孝悌之训，夫人欲试宽，令恚，使婢奉肉羹污其朝衣。宽曰："羹烂汝手乎？"人感德兴，日有所化。余取其以耻德化人者。

【原文】 汉刘宽，温仁多恕。有失牛者，就宽车认之，宽下驾步归。有顷①，失牛者得牛送还，谢曰："惭负长者，随所刑罪。"宽曰："物有相类，事容脱误。幸劳见归，何为谢之？"州里服其不校②。典历三郡③，吏民有过，但以蒲鞭示辱。

【注释】 ①**有顷**：一会儿。②**校**：计较。③**典**：任职。

【译文】 东汉刘宽，为人温和、仁厚、宽恕。有人遗失了一只牛，把刘宽驾车的牛误认作是自己的。刘宽就下车，把牛给他，步行回家。过了一会儿，失牛的人找到了自己的牛，就把刘宽的牛送还给他，谢罪说："我很惭愧，对不起您啊。如何惩罚我，随便你说。"刘宽说："东西或有相似，事情容许有错误。有劳你把牛送回给我，何必要谢罪呢？"地方上的人，都佩服刘宽的不计较。刘宽历任三个郡的太守，每逢下属和百姓有过失，他都只是用蒲草作鞭打一下他们以作惩戒。

七 刘宽多恕

八 甄宇瘦羊

博士甄宇
耻众分羊
特取瘦者
千古名扬

【原评】孔融四岁与诸兄共食梨,融辄引小者。人问其故,答以"我小儿当取小者",千古传为美谈。而甄宇于赐羊,特取其瘦者,诸博士且因之而息争。于以见羞恶之心,人皆有之,无非为名利二字所蔽耳。

【原文】汉甄宇,字长文。建武中①,每冬日,诏赐博士一羊②。羊有大小肥瘦,诸博士争羊不已,欲杀羊分肉。宇时为博士,以分羊为耻,因先自取其最瘦者,乃免争。后帝知其事,因呼宇为"瘦羊博士"。

【注释】①建武:汉光武帝年号。②博士:官名。

【译文】东汉时期的甄宇,字长文。在汉光武帝建武年间,每逢冬天寒冷的时候,皇帝就会下诏赏赐五经博士们每人一头羊。羊大小肥瘦不同,博士们都争着要大而肥的羊。争执不已,甚至要把羊先杀了,大家平均分肉。作为博士之一的甄宇,觉得杀羊分肉是很羞耻的事,因此他自己先挑了一只最瘦小的羊。大家见了才停止这种无谓的争执。后来光武皇帝知道了这回事,把甄宇称为"瘦羊博士"。

八 甄宇瘦羊

九 王烈遗布

彦方盛德
化及盗牛
使人遗布
激改惩尤

【原评】许止净谓：王公不过在野一匹夫。而能使窃盗之徒，宁受刑戮，惟恐其知，非所谓君子不怒而民威于鈇钺乎？化一盗贼，而一县景从，远夷遵奉。盛德之感人，过于刑罚爵禄。信哉！

【原文】 汉王烈，字彦方。乡里有盗牛者，主得之，盗请罪曰："刑戮是甘①，乞不使王彦方知也。"烈闻，使人谢之，遗布一端②。或问其故。烈曰："盗惧我闻其过，是有耻心。耻恶必能改善，故以此激之③。"后有人遗剑于路，盗为守之。

【注释】 ①甘：甘心。②遗：赠送。③激：激励。

【译文】 东汉时期王烈，字彦方。他的家乡里有个偷牛的人，被牛主人捉到了。偷牛者请罪说："我偷了你的牛，我甘心受你的刑罚。但请你千万不要让王彦方知道。"王烈听到这事，就叫人去感谢那个偷牛者，并且送给他一匹布。有人问王烈这是什么缘故。王烈说："小偷恐怕我知道他的过失，证明他还有羞耻心。既然对自己所做恶事有羞耻心，就能够改善。所以我送东西给他以作激励。"后来有人把宝剑遗失在路上，以前那个偷牛的人就替他看守着失剑。

十 管宁善化

管宁割席
以媿希荣
牵牛代牧
备汲息争

【原评】好视喜听,少年常情耳,乃宁以慕荣为耻,竟至割席。且尝锄园得金,宁不顾,歆则捉而掷之。盖优劣显判矣。厥后魏主征为大中大夫,不受。歆以太尉让宁,亦辞。年八十四卒。君子哉,若人;尚德哉,若人。

【原文】汉管宁,少与华歆同席肄业①。有乘轩过门者②,歆废书往观。宁遂割席分坐③,曰:"子非吾友也。"邻有牛暴田④,宁为牵牛著凉处牧之。牛主大惭,若犯严刑。里中有井,汲者争先而斗⑤。宁多买汲器,置井旁。乃各自悔责。

【注释】①肄业:修习学业。②乘轩:士大夫所乘之车。③割席:意即绝交。④暴:损害,糟蹋。⑤汲:从井中取水。

【译文】东汉管宁,小时候和华歆在同一张坐席、同一个桌子上读书。一日,有士大夫坐了车子经过他的门口,华歆放下书本去看,管宁就割开坐席与华歆分开桌子坐,并对华歆说:"你不是我的朋友了。"邻居的一只牛糟蹋了田稻,管宁把牛牵到阴凉的地方放牧。牛主人惭愧得好像犯了严刑一样。乡里有一口井,大家都抢着占先汲水,争斗起来。管宁买了许多汲水的器具放在井旁边,抢先汲水的人都悔恨自责。

十 管宁善化

十一　王济不屈

王济不屈
知耻直陈
尺布斗粟
未使亲亲

【原评】王武子风姿英爽,好弓马,勇力绝人。善《易》及《庄》、《老》,与娣夫和峤裴楷齐名。以尺布斗粟之谣为帝耻,以不能使帝亲亲为己耻,可谓知耻者矣。古云:"知耻近乎勇。"信然!世之兄弟不睦者,闻济言当愧矣。

【原文】晋王济,尚常山公主①。帝尝谓和峤曰:"我欲骂济而后官爵之,何如?"峤曰:"济恐不可屈。"帝因召济切让之②。既而曰:"知愧否?"答曰:"尺布斗粟之谣③,尝为陛下耻之。他人能令疏亲,臣不能使亲亲,以此愧陛下矣。"帝默然。

【注释】①尚:娶公主为妻。②切:严酷,苛刻。让:责备。③尺布斗粟:汉朝淮南王时期歌谣:"一尺布,尚可缝。一斗粟,尚可舂。"讥兄弟不和。

【译文】晋朝王济,娶了常山公主做妻子。有一次,皇上对和峤说:"我要把王济先骂了一番,然后再给他的官爵。你看怎么样?"和峤说:"王济恐怕不是一个容易屈服的人啊。"皇帝把王济召来,严厉责备了他,然后问他:"你知道惭愧吗?"王济说:"'尺布斗粟'这首讥讽兄弟不和的童谣,做臣子的替陛下感到羞耻。别人家能够使皇上疏远亲族,但我不能使得皇上亲和亲族,这也是我作为臣子感到愧对陛下的。"皇帝听了,一声不响。

十一 王济不屈

十二 朱冲送牛

晋有朱冲
憎犊高风
送易无恨
化及羌戎

【原评】许止净谓：古之高人，多有因人疑己而偿物。及其既悟，返物不受者，如姜肱桑虞皆然。夫因人疑而偿其物，盖与世无争矣。故一匹夫伏处深山，化及羌戎，下至毒虫猛兽。非盛德至善而能若此乎！

【原文】晋朱冲,好学而贫,以耕为事。邻人失犊①,认冲犊以归,后得犊于林下,大惭,以犊还冲,竟不受。有牛犯其禾稼,冲屡持刍送牛②,而无恨色,主愧之,不复为暴③。诏补博士,称疾不应。逃入深山,居近夷俗,羌戎奉之若君④。

【注释】①犊:小牛。②刍:饲草。③暴:损害。④羌戎:泛指我国西北部少数民族。

【译文】晋朝朱冲,好学但家贫,靠耕田过活。邻居丢失一头小牛,把朱冲的小牛当成自己的牵走了。后来那只失牛在树林下找到了,邻居觉得惭愧,就把朱冲的小牛还给他。朱冲竟不肯收受。又有一只牛,踏坏了朱冲田里的稻子,他多次饲草给牛吃,一点恨意都没有。牛主人深感惭愧,再也不放纵牛到处为害了。后来朝廷下诏请朱冲任博士,朱冲以病为借口推辞。他去到风俗与中原不一样的深山里,那里的羌戎民族敬奉他如君主一样。

十二 朱冲送牛

十三　道虔激耻

道虔送筍擖拾自資
同擖争梵悉以與之

【原评】道虔天心仁爱，孙恩乱后饥荒，与兄子共釜庚之资，郡州府凡十二命，皆不就。冬月无复衣，戴颙为作衣服，并钱一万与之，虔悉分诸兄弟子无衣者。乡里少年，相率受学，咸得有成。其所以感人深矣！

【原文】南宋沈道虔,人窃其园菜,虔自逃隐。有拔其屋后笋,则买大笋送之,曰:"欲竹得成林耳。"盗惭不取。使置其门内而还。尝以捃拾自资①,同捃者争穟道②。虔谏不止,悉以所得与之。争者愧恧,后每事辄云:"勿令居士知③。"

【注释】①捃拾:拾取,收集。②穟道:穟,谷类结实的顶端部分;穟道,布满谷实的道路。③居士:古代称有德才而隐居不仕或未仕的人。这里指沈道虔。

【译文】南北朝时代的南宋有个宋道虔。有人偷他园里的菜,他反而自己逃隐起来。有人把他屋后的笋拔去,他就另外买了大笋送给那个人,对他说:"我屋后的笋,是要把他们种成林的。"偷笋的人很惭愧,不要他的笋。沈道虔就把笋放进他们的家门。沈道虔曾拾取田里遗下的谷粒以维持生计。一同拾遗谷的人抢夺田里边有遗稻的路。沈道虔劝他们不住,就把自己拾来的谷全部给他们。争夺的人觉得很羞愧,后来每当犯了过错就会说:"不要让沈道虔知道。"

十四 元琰避盗

元琰避盗
畏其愧耻
伐木为桥
盗风以止

【原评】廉之至可以道不拾遗,耻之化亦可乡无鼠窃。似廉之效力,胜于耻矣。但遗物之事,偶然耳,鼠窃则时有所闻,孰能使之有耻且格。元琰家素贫寒,且以蔬菜为业。乃畏人愧耻而不较,尤为人所难能。

【原文】南齐范元琰，字伯珪，钱塘人。累徵辟不就①。性嗜学，博通经史。家贫，以园蔬为业。尝出行，见人盗其菜，遽退走②。母问其故，对曰："畏其愧耻故也。"或涉沟盗其笋，元琰因伐木为桥以渡。自是盗者大惭。一乡无复鼠窃③。

【注释】①累：屡次。徵辟：任命布衣入仕途。②遽：急忙。③鼠窃：小偷。

【译文】南北朝时期南齐的范元琰，字伯珪，钱塘人。朝廷屡次叫他去做官，他都不肯去。范元琰生性喜读书，精通经史。家里穷苦，就靠种菜卖菜为生。有一次他出去，见到有人正在偷他的菜，他急忙退回。他母亲问他原因。范元琰说："我怕偷菜的人会感到羞愧。"有人渡过水沟来偷他家里的笋，范元琰就做了一条木桥给他们渡水沟。从此以后，偷笋的人惭愧不堪。村里再也没有小偷了。

十五　弘景异操

宏景冲龄即能明理
一事不知以為深恥

【原评】读书万卷，一事不知，以为深耻。此"一"也，即孔子"吾道一以贯之"之"一"也。故天得一以清，地得一以宁，人得一而成圣。得其一，万事毕。弘景得一了一，是以享寿八十五，无病而逝，颜色不变，屈伸如常耳。

【原文】南齐陶弘景,幼有异操①。读书万卷,一事不知,以为深耻。年十岁,得葛洪《神仙传》。昼夜研寻②,便有养生之志,曰:"仰青天,观白日,不觉为远矣③。"梁武帝蚤与之游④,即位,徵之,不出。有大事,无不咨询。时人谓之"山中宰相"。

【注释】①异操:奇异的操守。②寻:考索,探求。③远:迂远,不切近事情。④蚤:早年。

【译文】南北朝时期南齐的陶弘景,小时候有奇异的操守。他读了很多书,偶然有一桩事情不懂,就感到羞耻。到了十岁的时候,陶弘景得到了葛洪的《神仙传》一书,日夜研究探索,就有了养长生的志向。他说:"仰望青天白日,不觉得它们是不可触及的事物。"梁武帝起初与陶弘景交往,等武帝登位后,就召陶弘景为官,但陶弘景拒绝了。但凡朝廷里出了大事,没有一桩不去询问陶弘景的。当时的人都说陶弘景是"山中宰相"。

十六　吉㸬拒举

梁有吉㸬
孝行純篤
因父求名
引為恥辱

【原评】李文耕谓：痛父之冤，而挝鼓求代，则得代固甘之，即不得代而与俱死，亦甘之。其心固不知天地间有生死祸福矣？况名誉乎。读㸬父辱子死之言，乃真见仁人孝子之心，光明磊落，不杂一毫私意。

【原文】梁吉翂,字彦霄,冯翊人①。天监初②,父为奸吏所诬,罪当死。翂年十五,挝登闻鼓乞代③。武帝释之。丹阳令王志欲举翂纯孝。翂曰:"是何量翂之薄也?父辱子死,道固当然。若翂当此举,是因父求名,何辱如之。"固拒而止。

【注释】①冯翊:治临晋,在今陕西省大荔。②天监:梁武帝年号。③挝:敲打。登闻鼓:悬在朝堂上的鼓,有冤情的人以击鼓鸣冤。

【译文】南北朝时期梁朝的吉翂,字彦霄,冯翊人。天监初年,他的父亲被奸臣诬陷,罪应死。这时候吉翂才十五岁,他去朝堂上为父击鼓鸣冤,要求代替他父亲的死罪。梁武帝把他的父亲放了。丹阳县官王志要把吉翂当作纯孝的人推举开去。吉翂说:"这是多么的小看我啊。父亲受了屈辱,做儿子代替他去死,这是理所当然的。如果我接受这个推举,那就是因了父亲的事去求名誉。天底下是没有像这样的奇耻大辱了。"吉翂坚决拒绝,荐举的事便停了下来。

十七　于义决讼

于義決訟　分典家財　安等愧恥　風化大開

【原评】许止净谓：民以财物争讼，听狱者出己所有以和解之。在法律家以为此风一长，听狱者宁有多少卖儿鬻女钱耶？乃观于公，不惟不长浇风，且使风俗大化。是知道德之教化，决非法律所能企及也。

【原文】北周于义,谨之子也,以父功封广都县公①。迁安武太守②,惟崇教化,不尚威刑。有郡人张善安、王叔儿争财相讼,义曰:"太守德薄所致。"乃以家财分与二人,喻而遣去③。安等各怀愧耻,移居他州。于是风化大洽。

【注释】①广都:古蜀国都,在今四川省双流。②安武:在甘肃省。③喻:晓谕,告知,开导。

【译文】南北朝时期北周的于义,是于谨的儿子,因为父亲的功劳,他受封为广都县公。后来他升任安武太守,为政只崇尚教化,不主张严厉刑罚。一次,郡里的张善安与王叔儿为了争夺钱财打起官司来。于义说:"这是由于我做太守的品德薄弱的缘故。"就把自己的家财分给他们两个人,劝谕一番,叫他们回去了。张善安、王叔儿两人都感到惭愧羞耻,就搬家到别的地方去。从此以后,安武的风化就十分和洽了。

十八　李泌报恩

李泌之馬
嚘應於野
闕而不言
愧其長者

[原评] 宦家子每倚父势,将无作有,以陷贤者,况马啮其胫。泌又与其父异趋者乎,乃应能匿伤不语,弭祸无形。可谓干父之蛊,宜受美报。而邺侯聪明盖世,纯粹无疵,尚愧其长者,则应亦足多矣。

【原文】唐李泌,为相。帝曰:"谁与卿有恩,朕能报之。"泌曰:"曩为元载所疾①,谪江西。路嗣恭与善,臣常畏之。会其子应并驱,马啮其胫②。臣惶恐不自安。应閟不言③,勉起见父。臣常愧其长者,思有以报。"即日加应宣歙观察使④。

【注释】①曩:曾经。疾:厌恶,妒忌。②啮:咬。③閟:隐藏。④宣歙:在今安徽宣城歙县。

【译文】唐朝时,李泌为宰相。皇帝问他:"谁对你有恩德,我能够替你报答他。"李泌说:"元载以前对我厌恶嫉妒,把我贬到江西做官。那里的路嗣恭和元载很要好,我的心里非常怕他。有一日刚好和路嗣恭的儿子路应一同跑马,我的马咬了路应的脚骨。我十分害怕,心里很不安。但路应遮掩伤口,忍痛勉强起来去见他的父亲。我常常对他感到惭愧,心里思量着要报答他。"皇帝马上封路应为宣歙观察使。

十九 钱徽焚书

钱徽得书
取士无私
受诬不辩
出书焚之

【原评】今之暮夜苞苴,夤缘请托者,无论矣。而上以所善委其下,大率皆段文昌李绅也。谁敢违之?钱徽能不如所请,已为难能。乃受诬不自辨白,更焚其私书。此等度量,岂凡人所能及?文昌等真当愧死矣。

【原文】唐钱徽,为礼部侍郎①。宰相段文昌、学士李绅并以所善委徽②,求致第籍③。徽不能如二人请。文昌即奏徽取士以私,贬江州刺史。或劝徽出文昌书自直④,徽曰:"苟无愧于心,安事辨证耶?"敕子弟焚之⑤。后拜吏部尚书。

【注释】①礼部侍郎:官名。礼部掌礼秩和学校贡举之法;侍郎为副官。②善:交好的人。③第籍:科举被录取。④直:伸冤,平反。⑤敕:古时自上告下之词,告诫。

【译文】唐朝钱徽,任礼部侍郎。宰相段文昌、学士李绅把他们熟人的名字托于钱徽,要求钱徽让他们在科举中被录取。钱徽不答应。段文昌就上奏皇上说钱徽录取士子有徇私之举。于是钱徽就被贬为江州刺史。有人劝钱徽把段文昌写给他的委托信拿出去做证据伸冤。钱徽说:"既然我心中无愧,何必去寻证据去辩白呢?"就叫子弟们把那封信烧了。后来钱徽升任到吏部尚书。

十九 钱徽焚书

二十　薛奎忧愧

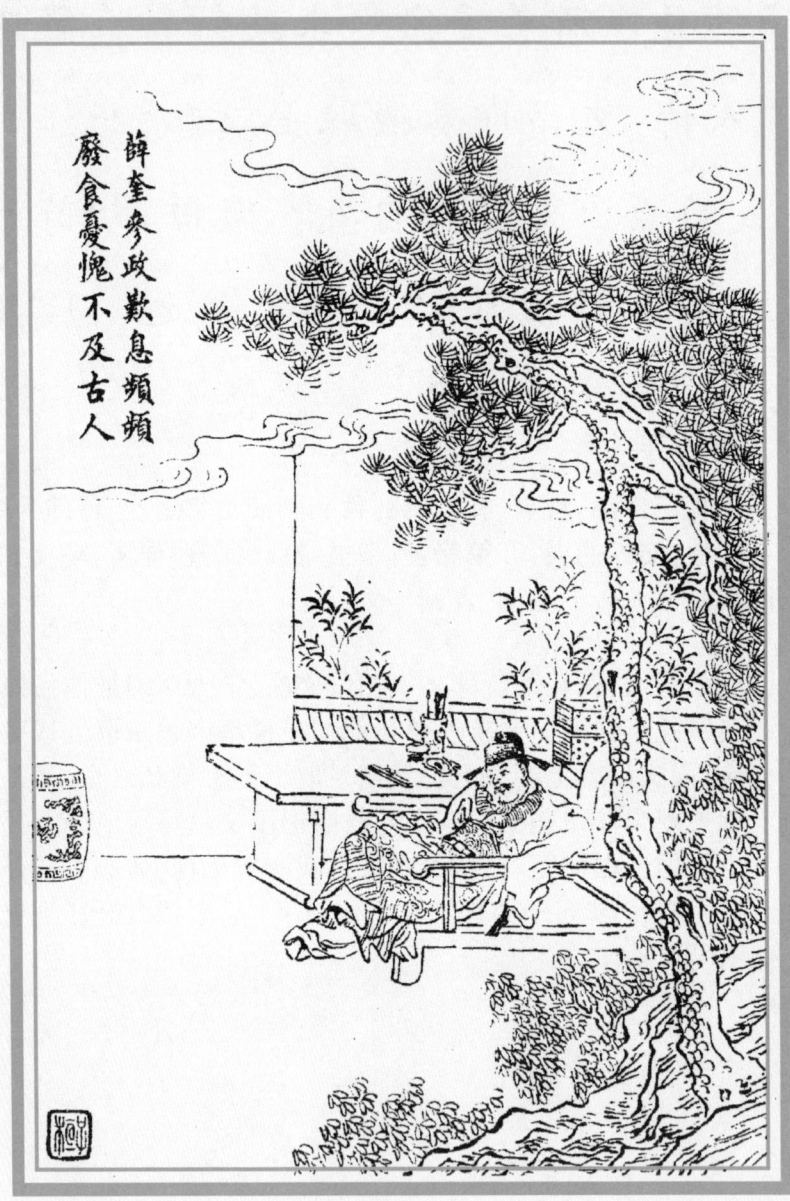

薛奎参政欷息频频
废食忧愧不及古人

【原评】人能惧当世之讥，自不致为无耻之行，故君子必慎其独。庶衾影无愧，可以对天地，可以质鬼神。而薛奎乃惧后世之讥，以不及古人为惭，甚且叹息不食，是犹颜渊学虞舜之心尔。

【原文】宋薛奎,素刚毅端重,善知人。微时抱负非凡①。仁宗朝,参大政,遂欲绳天下一入于规矩②。往往不可其意,则归卧于家,叹息忧愧,辄不食。家人笑其何必若此。公曰:"吾惭不及古人,而惧后世讥我也。"

【注释】①微时:微贱之时。②绳:约束。

【译文】宋朝的宰相薛奎,为人刚直坚毅,端庄厚重,善于识别人材。在微贱的时候,他就很有抱负。宋仁宗皇帝时当宰相,他希望天下人都能够守规矩。遇到不称心意的时候,他回到家里就躺着叹气,面有愧色,连饭都吃不下。家里人都笑他何必要搞得这个样子呢。薛奎说:"我惭愧自己不及古人,恐怕后世的人要讥笑我呀。"

二十一 庐革避试

庐革应举
耻荐以私
去弗就试
上翰嘉之

【原评】许止净谓：科举时代，幸进者仰人捉刀，贿通关节，已觉廉耻道丧，然犹守秘密，畏人指责。迨清季改科举为选举，乃金钱购买，威力劫持，明目张胆，恬不知耻。庐革而在，真当乘桴浮海，不与同中国矣。

【原文】 宋庐革，字仲辛，吴兴人①。少举童子，知杭州马亮见所为诗②，异之。时值贡举③，亮戒主司勿遗革。革闻曰："以私得荐，吾耻之。"去弗就试。后二年，遂首选。至登第④，年方十六。神宗谓宰相曰："雅闻革廉退士也⑤，宜拜嘉郡守⑥。"

【注释】 ①吴兴：浙江县名。②知杭州：杭州知府。③贡举：科举考试。④登第：中举。⑤雅：向来。廉退：谦让。⑥嘉郡：今浙江嘉兴。

【译文】 宋朝庐革，字仲辛，吴兴人。小时候童子试中合格，成为生员。杭州知府马亮看见庐革的诗，惊异他的才华。这时适逢科举考试，马亮叮嘱考试官不要遗下庐革。庐革听到了就说："因为私底下的关系而被录取，我为此感到羞耻。"就不去考试了。过了两年才去考试，中了第一名，及第时才十六岁。神宗皇帝对宰相说："一直知道庐革是个谦让的读书人，应当任他为嘉郡太守。"

二十一 庐革避试

二十二 纯仁无愧

宋范纯仁
坦白胸襟
不援惟例
无愧於心

【原评】忠宣公尝自言平生所学,得之"忠恕"二字,一生用不尽。戒子弟曰:"人虽至愚,责人则明;虽有聪明,恕己则昏。苟以责人之心责己,恕己之心恕人,不患不至圣贤地步。"家训如此,是以毕生无愧于心也。

【原文】宋范纯仁,尝与司马光论役法①,不合。后朝廷治司马党,韩维以执政日与光不合,得免。或劝纯仁援维为例,纯仁曰:"吾昔与君实同朝论事不合②,则可;以为今日解脱地③,则不可。有愧心而生,孰若无愧心而死乎?"

【注释】①役法:差役之法。②君实:司马光的字。③地:余地,地步。

【译文】宋朝范纯仁,曾经与司马光因理论差役之法而意见不同。后来朝廷处治司马光党人时,韩维因为之前与司马光意见不合而被免罪。有人劝范纯仁以韩维为前例,要求免罪。范纯仁说:"我从前和司马光同在朝廷论事,意见不合是可以的。但要把这个当做现在脱罪的理由,那是不可以的。况且一个人与其愧疚地活着,还不如心中无愧地死去。"

二十三　杜淹劳力

杜淹劳力
垦耕起家
嗟彼忍耻
视妻如花

【原评】仕非不可也，当视所因何如耳。家贫亲老，宁得以禄养为耻，然禄养亦视其得之何如耳。若果蝇营狗苟以养亲，岂非耻乎？乃有百计钻谋，以为其妻子者，耻孰甚焉。杜淹之言，可为忍耻入仕者诫。

【原文】宋杜淦,江夏人①,自称蕉阴老人。居泗水上②,烈日笠首,躬督垦耕③。起家十五年,遂致富。尝谓人曰:"夫忍耻入仕,不因妻子者几希④。但彼乃忍耻,我则劳力。所为者皆衣食耳,顾我何如哉?"

【注释】①江夏:即今湖北武昌。②泗水:在山东泗水县。③躬督:亲自治理。④妻子:老婆孩子。几希:很少。

【译文】宋朝杜淦,江夏人,号蕉阴老人。居住在泗水上,虽在猛烈的太阳下,仍然头戴笠帽,亲自开垦耕植田地。如此作业十五年,家里逐渐富裕。杜淦曾对人说:"凡是忍了羞耻去做官的,不是为了妻儿的人很少。他们是忍着耻辱干活,我则是付出力气干活。大家无非都为了穿衣吃饭,你觉得我怎么样呢?"

二十三 杜淦劳力

二十四 王恕羞赘

太宰王恕羞言赘仪，辄引古训告以人知。

【原评】"仕朝以馈遗及门为耻，仕外以苞苴入都为耻。"宋人此言，可为万古官箴。王恕不忘此训，且尝为人道之。故宏治二十年间，众正盈朝，职业修理，号为极盛者，恕力也。盛德所至，天乃报以富贵寿考耳。

【原文】明王恕,尝语人曰:"宋人有言:'凡仕于朝者,以馈遗及门为耻;仕于外者,以苞苴入都为耻①。'今动辄曰'贽仪贽仪②',而不羞于人。我宁不自耻哉?"生平奏疏甚多,贵近侧目③。卒年九十三,谥"端毅"。五子十三孙,多贤且显。

【注释】①苞苴:贿赂。②贽仪:为表敬意所送礼品。③贵近:显贵的近臣。侧目:不敢正视,形容畏惧。

【译文】明朝的太宰王恕,曾经对别人说:"宋人有一句话:'凡是在朝廷里做官的人,都以礼物送到门而羞耻;在朝外做官的人,都觉得贿赂朝内之人为可耻。'但现在做官的人,动不动就提起'送礼送礼',还不觉得羞愧。我难道不觉得这种风气是可耻的吗?"王恕经常向皇上递奏章,朝廷里的显贵近臣都畏惧他。王恕死时九十三岁,谥号"端毅"。王恕有五个儿子、十三个孙子,大多都是贤良显贵的人。

二十五 邱妻舍生

邱子之妻
以夫不義
蒙恥偷生
寧死無愧

[原评] 吕坤曰：慷慨杀身，此烈丈夫所难。邱子之妻，责夫不死，而自杀以先之，岂不烈哉？嗟夫！一死之轻，将何不轻。士君子既不能以义轻身，而又弃义为此身计，何颜读此传哉？

【原文】周戎灭盖①,邱子殉君自杀②,人救之,不得死,既归。妻曰:"国灭君死,子何独生?"邱子曰:"吾非爱身,恐犯戎令③,诛及妻子耳④。"妻曰:"妻子,私爱也;事君,公义也。今子以妻妾之故,失人臣之节,无事君之礼。偷生苟活,妾犹耻之,况于子乎?吾不能与子蒙耻而生焉。"遂自杀。

【注释】①戎:古族名,支系甚多。盖:古国名,在山东省沂水县西北。②殉:为某种目的舍弃生命。③戎令:指敢自杀者,其妻子尽诛之令。④妻子:老婆孩子。

【译文】周朝时,戎人灭了盖国,邱子殉君主自杀,但人家把他救了下来。他回到了家里,妻子说:"国已亡,君主已死,你为什么独活在世上呢?"邱子说:"我不是为了爱惜自己,而是怕自杀即犯了戎人的命令,以致连累着妻子。"妻子说:"妻和子是私爱,事奉君主是公义。现在你为了妻子,失去了作为人臣的大节,没有事君的礼节。这样苟且偷生,我作为女子也觉得羞耻得很,更何况你是一个堂堂男子?我不能与你蒙羞活在世上。"邱子之妻于是就自杀了。

二十五 邱妻舍生

二十六　惠妻疑渎

柳下惠妻恐其近耻无乃渎乎以问夫子

【原评】吕坤谓：士君子之行，孚朝着易，孚闺门难。妇人于夫，知其内行易，知其外行难。柳下夫妇，可谓两贤矣。丈夫平生，不为妇人所知，其人品可概见。相与终身，而不知夫子为何如人，其妇人亦可知矣。

【原文】周鲁展禽①,居柳下②。仕鲁,三黜不去③。妻曰:"无乃渎乎④?君子有二耻:国无道而贵,耻也;国有道而贱,耻也。今当乱世,三黜不去,亦近耻乎。"禽曰:"悠悠之民,将陷于害,吾能已乎⑤?且彼为彼,我为我。虽裸裎焉能浼我⑥?"及卒,妻诔之曰⑦:"夫子之谥,宜为'惠'兮。"门人从之。

【注释】①鲁:周代诸侯国名。②柳下:鲁国地名,展禽食采之地,故曰柳下惠。③黜:罢退。④渎:贪求,玷污。⑤已:作罢。⑥裎:脱衣露体。浼:玷污。⑦诔:古代列述死者德行,表示哀悼并定之谥号。

【译文】周朝时鲁国的展禽,住在名柳下的地方。他在鲁国任官,被罢免了三次,仍不离开。他的妻子说:"这个未免太玷污人格了吧?我知道君子的羞耻有两种:国家无道,个人贵显是羞耻;国家有道,个人贫贱也是羞耻。现在适逢乱世,你被贬了三次还不离开,也近乎耻辱了。"展禽说:"向来闲暇的百姓,现在即将要受到陷害,难道我可以不管吗?而且他是他,我是我,就算有女人赤身裸体在我身边,也不能玷污我。"展禽死后,他的妻子在哀悼他的时候说:"夫子的谥号应当叫'惠'。"展禽的门人弟子都表示依从。所以后人称展禽为柳下惠。

二十七　莱妻羞伍

老莱子妻不容再虑夫欲为官投畚而去

[原评] 男子志在四方，仕隐均无不可。乃以楚王之尊，亲造老莱之门，请其守政，莱许之，亦常情耳。而其妻羞与为伍，投畚而去，毅然不顾，其节操为何如耶？录之以愧妇女之怀虚荣心者。

【原文】 周楚老莱子,逃世。楚王亲造门①,请其守政②。莱诺。王去。其妻戴畚挟薪归③,曰:"何车迹之多也?"莱曰:"楚王使我守政,已许之矣。"妻曰:"食人酒肉,受人官禄,为人所制也。"投其畚而去。莱曰:"子还,容再虑。"妻行不顾,至江南止。莱乃随其妻而居焉。

【注释】 ①造门:登门造访。②守政:主管政事。③畚:用草绳或竹篾编织的盛物器具。挟:以腋持物。

【译文】 周朝时楚国的老莱子,避世不肯做官。楚王亲自登门造访,请他去管理政事。老莱子答应了。楚王就回去了。他的妻子头戴畚箕,手挟柴草回来,问:"为什么有这么多的车子痕迹啊?"老莱子说:"楚王来叫我去管理政事,我已经答应他了。"他的妻子说:"吃了人家的酒肉,受了人家的官禄,自己的身子就要给人制约了。"于是把畚箕一丢,就走了。老莱子说:"你回来,让我再想想。"他妻子头也不回,一直走到江南才停下。老莱子就跟着她的妻子在江南住下了。

二十七 莱妻羞伍

二十八　胡妻耻见

鲁秋胡妇
出外采桑
耻夫淫泆
投河而亡

【原评】夫事亲不孝，则事君不忠；处家不义，则治官不理。秋胡之妻，一采桑妇人耳，前后之言，何等正大。乃耻夫无义，投河以死，千古传为奇闻。而胡之不孝不义，至今犹为人唾骂焉。

【原文】周鲁秋胡,娶妇五日,去而宦于陈①。五年乃归,见采桑妇,悦之,下车,诱以金。妇不顾。秋胡至家,奉金遗母。唤妇至,即向采桑者,惭甚。妇曰:"悦妇予金,是忘母也,忘母不孝;好色淫泆,是污行也,污行不义。孝义并亡,妾耻见之。"遂出,投河死。

【注释】①宦:做官。陈:周朝诸侯国名。

【译文】周朝鲁国的秋胡,娶妻才五天就到陈国去做官了。过了五年才回来,在路上看见一个采桑的妇人,心里欢喜,就下车拿着金子去引诱她,那妇人没有理他。秋胡到家,把金子奉献给他的母亲。母亲叫他的妻子出来,秋胡一看,原来就是先前在路上曾引诱过的采桑女子。秋胡觉得很惭愧。他的妻子说:"把金子给喜欢的女子,是忘记母亲的行为,忘记母亲就是不孝;贪图女色动淫心,就是玷污品行,品行污秽就是不义。你孝义不全,我以见你为耻。"她说完,就去投河死了。

二十八 胡妻耻见

二十九　鲍妇女宗

宋鲍苏妻其夫另娶
不听姒言事姑如故

【原评】吕坤曰：女无美恶，入宫见妒，此妇人常性也。女宗于夫之外妻，非但不妒，又厚遇之。以是相与，而夫不感其贤，妾不乐其德？以酿一家之和气者，未之有也。可为妇人之法。

【原文】周宋鲍苏妻,养姑甚谨。鲍苏仕卫而娶外妻①,妇事姑甚谨,因往来人问候其夫,遗外妻甚厚。其姒曰②:"可以去矣。"妇曰:"妇人一醮不改③,夫死不嫁,精酒食以事舅姑④。以专一为贞,以善从为顺。忌夫所爱,是谓贪淫。妇德之耻也。"不听姒言。事姑愈谨。宋公表其闾曰"女宗"⑤。

【注释】①外妻:在外另娶妻子。②姒:嫂子。③醮:女子嫁人。④舅姑:称夫之父母。⑤表:立石碑。闾:里巷的大门。

【译文】周朝宋国鲍苏的妻子,谨慎地奉养她的婆婆。鲍苏在卫国做官,又娶了另外一个妻子。她在家里服侍婆婆,更加谨慎,一有机会就叫来往的人去问候丈夫,并且送给丈夫另外那个妻子很丰厚的物件。她的嫂子说:"你的丈夫另娶妻子,你可以离他而去。"她说:"妇人之道就是嫁了一个丈夫就不可以更改的,就算丈夫死了也不能改嫁。应该天天做好精美的酒饭奉养公婆。专一不二才算是贞洁,善于服从才算是孝顺。妒忌丈夫所喜爱的女人,那就是贪淫,那是妇道中最可耻的。"终于不听她嫂子的话,且把婆婆伺候得更加谨慎。宋国国君知道了,就赐她里巷的大门立了"女宗"二字的石碑。

二十九 鲍妇女宗

三十　节姑赴火

梁有节姑其室失火
兄子被焚生存不可

[原评] 节姑本欲取兄之子，仓卒之间，误得己子，此邻人所以止之也。然得己之子，失兄之子，诚无可自明，节姑耻之，投火以死，君子哉若人！尚德哉若人！足以愧世之爱己子而不顾其姪者。

【原文】周节姑,梁之妇人也①。其室失火,兄子与己子俱在内,欲取兄子,辄得己子②,独不得兄子。火盛,不能复入,妇将自赴火。其邻人止之。妇曰:"将何面目以见兄弟国人哉?吾欲复投吾子,为失母之恩。吾势不可以生。"遂赴火而死。

【注释】①梁:周朝的诸侯国。②辄:反而,却。

【译文】周朝的妇人节姑,梁国人。有一天,她住的房子失火,她哥哥的儿子和她的儿子都在房子里。节姑想抱出他哥哥的儿子,但抱出来的却是自己的儿子,没有救到她哥哥的儿子。那时火势很大,不能夠再进去救人了。节姑还是要冲进火海。她的邻居制止她,节姑说:"我还有什么面目来见兄弟和国人呢?如果我把自己的儿子再丢到火里去,那我又不能尽做母亲的恩情。这么一来,我是不能再活在世上的了。"于是冲进火海烧死了。

三十一　乳母愧逆

魏節乳母
護主忠忱
恥行逆亂
不羨千金

【原评】节乳母知逆乱之可耻,不贪重赏,不畏极刑,惟以保全公子为志。而魏之故臣,恬不知耻,及乳母明言之,非惟不感悟,反以告秦军,是真寸磔不足蔽其辜矣。

【原文】周秦灭魏,杀魏王瑕及诸公子,而一公子不得。令曰:"得之者赏千镒,匿之者夷三族①。"节乳母偕公子逃②,故臣劝乳母言之。乳母曰:"见利反上,逆也;畏死弃义,乱也。行逆乱以求利,是无耻也。吾何面目而生耶?"秦军追见,争射之。乳母以身蔽③,着数十矢,与公子俱死。

【注释】①夷:诛灭。三族:指父母兄弟妻子。②节:节义的。③蔽:遮挡。

【译文】周朝时,秦国灭了魏国,杀了魏王瑕和众公子,只有一个公子找不到。秦王下令说:"谁捉到这个公子,就赏他二万四千两银。谁藏匿这个公子,就要灭他三族。"那时,魏国有个节义的乳母带着那个公子逃走。魏国旧时的臣子劝乳母去秦王处交出公子。乳母说:"见到利益就背叛君主,这就是叛逆;因为怕死放弃义气,就是作乱。叛逆作乱去求取利益,就是可耻的。那么做,我还有什么面目活在世上?"秦国的军队追上来看见了,大家争相用箭射他们。乳母用自己的身体挡着公子,中了几十箭,和公子一同死了。

三十二 班昭女诫

【原评】曹大家博学多才,高行厚德。犹战战兢兢,常惧黜辱,以贻父母羞,又恐诸女失容取辱,此君子之行也。《女诫》七篇,尤为不朽之名言,为妇女者宜取法焉。

【原文】汉班昭,曹世叔妻,徐令彪女也①。早寡,有节行法度②。长兄固著《汉书》未竟③,和帝诏昭踵成之④,后数召入宫⑤。邓后及诸贵人,皆师事焉,号曰"大家"⑥。尝言归曹四十余载⑦,战战兢兢⑧,常惧黜辱⑨,以贻父母之羞⑩,益中外之累。又惧诸女失容他门⑪,取辱宗族,因作《女诫》七篇。

【注释】①徐:在今安徽省西北部。②法度:规矩。③竟:完成。④踵:接着。⑤数:屡次。⑥大家:同大姑,对女子的尊称。⑦归:嫁到。⑧战战:恐惧的样子。兢兢:戒谨的样子。⑨黜:摒弃。⑩贻:遗留,致使。⑪失容:不被容纳。

【译文】汉朝的班昭,是曹世叔的夫人,徐县县令班彪的女儿。她很早就守寡了,有节操、守规矩。她的大哥班固著《汉书》,还没完成就过世了。汉和帝就下诏书令班昭继续完成著作,后来又多次召她入宫。邓皇后和其他贵人们都以侍奉先生的礼节对待她,称她为"大家"。她曾经说自嫁入曹家四十几年,时刻小心戒谨,常常害怕被嫌弃羞辱,以让其父母蒙羞,增加里里外外的麻烦。又担心几个女儿嫁到夫家后不被容纳,以致让班家宗族蒙羞,于是著了《女诫》七篇用以示戒她们。

三十三 谧婶惭泣

皇甫任氏继谧为子
若不显扬慭见伯姒

【原评】任氏教嗣子,因势利导,剀切动人。"惭见伯姒"一言,且垂涕泣而道之,故谧亦感泣就学,卒成大儒。夫以玄晏先生之材质,尚赖叔母之教导。世之为母者,可以鉴矣。

【原文】晋皇甫谧叔母任氏，无子，立夫兄子谧为嗣。谧年二十，不好学。尝得瓜果进任氏，任氏曰："三牲之养①，未足为孝。显亲扬名，孝之大者。吾家世凋零②，子复不好学，何以慰先人之望？吾死，惭见伯姒于地下矣③。"因对之涕泣，谧亦感泣就学，卒成大儒④，号"玄晏先生"。

【注释】①三牲：牛、羊、猪。②凋零：衰败。③姒：嫂子。④大儒：儒学大师，亦泛指博学之人。

【译文】晋朝任氏，自己没有儿子，就把大伯子的儿子皇甫谧过继来做自己的儿子。皇甫谧二十岁时，不喜欢读书。有一次他得到一些瓜果，就拿去奉给任氏。任氏说："就是用三牲来奉养我，也不算是孝顺。而自己有学问，名扬于世，让父母感到光荣，才算是大孝。我们的家世已经这样凋零衰落了，你又不喜欢读书，怎么可以满足祖先对你的期望呢？我死了也没有面目去泉下见大伯子和嫂子了。"说完就哭了起来。皇甫谧也就感悟痛哭，从此努力读书，终于成为了有大学问的人，号"玄晏先生"。

三十三 谧婶惭泣

三十四　广女击芳

王广之女暗室击芳以塞大耻自刎而亡

[原评] 广女以父仇为重，忍死图报，击而不中，自刎以死。荆卿所以抱恨无穷也。观其临死之言，犹以不即死为大耻，其志亦可哀已。世有智不能谋、勇不能死、忘耻事仇者，读此传能无愧死。

【原文】 晋北汉王广为扬州刺史。蛮帅梅芳陷扬州①,杀广,其女年十五,芳纳之②。女于暗室击芳,不中。芳怒曰:"何为反?"女曰:"蛮畜!我诛父贼。父仇不同天,母仇不同地。吾所以不即死者,欲诛汝耳。所恨不得枭汝首于通衢③,以塞大耻④。"遂自刎。

【注释】 ①陷:攻陷。②纳:娶。③枭:斩首悬以示众。通衢:四通八达的街道。④塞:弥补。

【译文】 晋朝北汉国王广,任扬州刺史。那时,蛮族的元帅梅芳攻下扬州,把王广杀死了。王广的女儿十五岁,梅芳就娶了她。王广的女儿在暗室击杀梅芳,但不中。梅芳生气地说:"你为什么作反?"王广的女儿说:"野蛮畜生!我是要杀那个杀我父亲的贼人。杀父母之仇人不能活在同一天地中。我当时之所以没有马上寻死,就是因为想要杀你。我恨不得割了你的头,挂在十字街口,来弥补我的大耻。"说完话,她就自杀了。

三十五 崔卢仕训

崔母卢氏
训子官箴
轻裘肥马
内媿於心

【原评】世之仕宦，每多财以奉亲，而亲不究所从来，此廉耻所以道丧也。崔氏教子明切，玄暐亦能恪守母诫，故自通籍至同平章事，皆以清谨称。录之以为仕训。

[原文] 唐崔玄暐母卢氏,有贤操。尝诫子曰:"吾闻从宦者,有人言其贫无以自存,是好消息。若资财充足,裘马轻肥①,是恶消息。苟以禄廪奉亲②,则可。不然,何异盗乎?纵无大咎③,独不内愧于心?汝为吏,若不忠清,何以戴天履地?宜识吾言④。"故玄暐以清白名。

[注释] ①裘马轻肥:即轻裘肥马。②禄廪:俸禄。③大咎:大过失。④识:记住。

[译文] 唐朝崔玄暐,他的母亲卢氏,贤良有操守。有一次,卢氏训诫儿子道:"据说,在外面做官的人,人家说他穷得不能够自活,这就是好信息。若是积蓄充足,穿着轻软的裘衣,骑着肥壮的马,这就是不好的消息了。倘若能够用做官所得的俸禄奉养双亲,那是可以的。不然,与强盗有什么区别呢?就算没有大过失,自己心里能不惭愧吗?你做官,若不是忠心廉洁,怎么可以在天地间做人呢?应当牢记我的话。"后来崔玄暐果然有清白的名声。

三十六　李郑责子

唐李郑氏庭责甚周若负天子母亦含羞

【原评】郑氏治家教子，素称贤明。当景让杀牙将时，军中谋变，势甚危急。母乃召子庭责，落落数言，弭患于未形。是岂寻常男子所能哉？有母若此，宜三子之皆为名士也。

【原文】唐李景让为浙西观察使①。尝怒杀牙将②,众大哗。其母郑氏召景让庭责之③,曰:"尔镇抚一方,而轻用刑。一夫不宁,岂特上负天子,亦使垂老之母含羞④,泉下何面目见先大夫乎?"将鞭其背。将吏再拜请,不许。皆泣谢,乃许之。一军遂定。

【注释】①浙西:浙江西部。观察使:官名。②牙将:地位低下的武将。③庭责:当庭斥责。④垂老:即将老去。

【译文】唐朝李景让,任浙西观察使。曾怒杀了一个小小的武将,他的部下喧哗起来。他的母亲郑氏把李景让叫到庭前,当着大家的面责备他说:"皇上叫你做观察使,是要你镇定安抚一方,你竟轻易地施用刑罚。只要有一个人不安宁,你非但在上辜负了皇上,也叫你即将老去的母亲含羞,下黄泉还有什么面目去见你的父亲呢?"说完,就要用鞭子鞭打其背。官将们都下拜求免,郑氏不允。官将们哭着替李景让陪罪,郑氏才允许。军队里的人这才安定下来。

三十七　余郑羞帅

余妻郑氏
被献文徽
激其羞耻
乃得全归

【原评】吕坤曰：郑所遇王、查两将，皆羞恶之心未亡者。故得从容慷慨，以免于难。向使节妇贞女，当被执之初，或陈设大义以愧之，或婉语悲情以感之。义理之心，盗贼皆有，宁必其无一悟者乎？

【原文】南唐将王建封，伐闽，获闽将余洪敬妻郑氏。威逼势胁，不可夺①，乃献于主帅查文徽。查将使荐枕②，郑氏正色曰③："王师吊伐④，褒忠旌节，以扬风化。建封出于行伍⑤，尚不污节义。君，元帅也。奈何欲加非礼于一妇人，以逞无耻之欲耶？妾有死而已。"查惭，乃访其夫而归之。

【注释】①夺：用强力使之动摇改变。②荐枕：陪睡。③正色：神色庄重，态度严肃。④吊：即吊民，抚慰百姓。⑤行伍：军队。

【译文】南唐将领王建封，攻打闽国，把闽国将领余洪敬的妻子郑氏捉住了，用威武势力也不能使她动摇。王建封就把她献给主帅查文徽。查文徽要郑氏侍寝，郑氏正色说道："君王的军队出来抚慰百姓、诛罚罪行，是应当奖赏尽忠的男子，旌表守节的妇人。这样去宣扬风化才对。王建封作为军人，尚且未玷污有节操义气的妇人。你是堂堂一个大元帅，怎么可以非礼一个妇人来满足自己无耻的私欲呢？我只有一死罢了。"查文徽听了很惭愧，就访寻余洪敬来把郑氏接走。

三十七 余郑羞帅

三十八　王李断臂

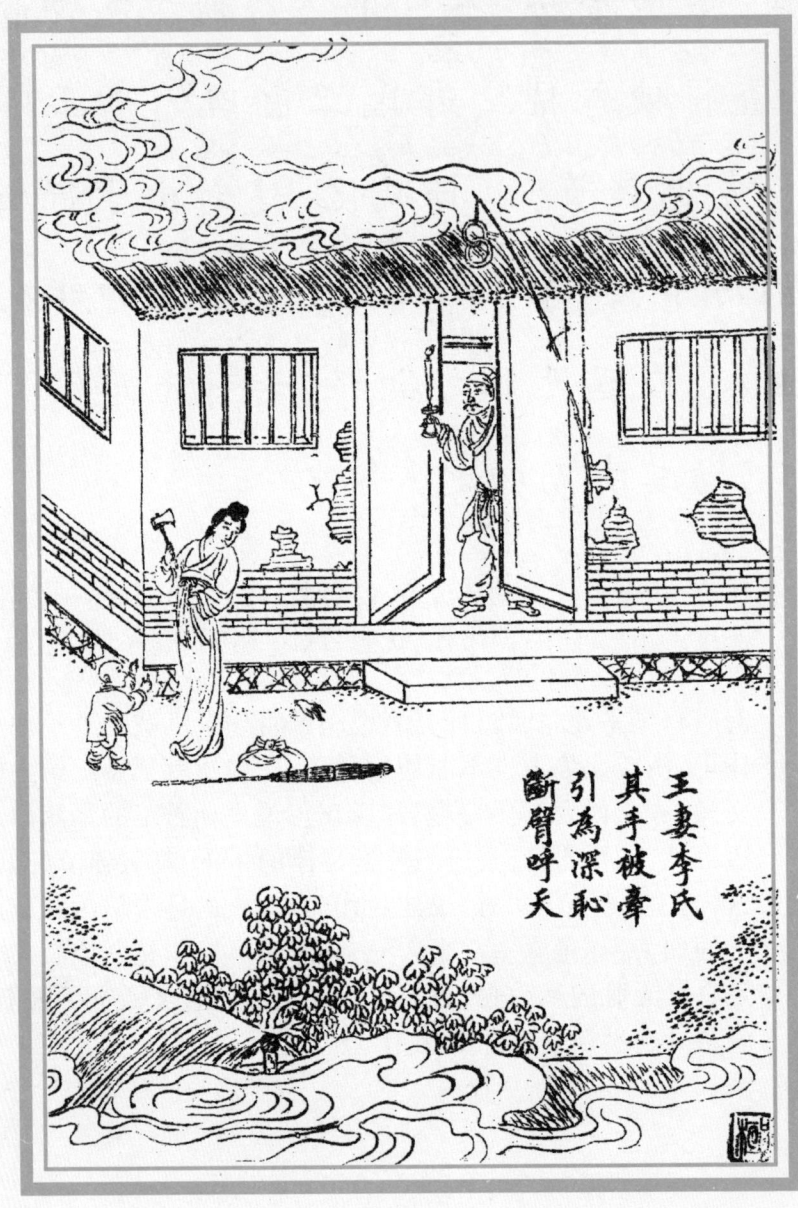

王妻李氏
其手被牵
引為深恥
斷臂呼天

【原评】吕坤曰：男女授受不亲。故嫂溺始援之以手，苟不至溺，两手不相及也。李氏以引臂为耻，遂引斧断之，以去其污。岂不痛楚？义气所激，礼重于身故耳。可为妇人远别之训。

【原文】后周王凝,为虢州司户参军①,卒于官②。妻李氏携幼子,奉丧归。过开封③,止于旅店,主人以其有丧,不纳④。氏因天暮,不肯去。主人牵其臂而出之⑤。氏以臂被牵,耻之,仰天大恸曰⑥:"天乎!吾不幸无夫,而此手为人所执耶!"引斧自断其臂。官闻之,表于朝,赐医药,而笞店主人⑦。

【注释】①虢州:在河南省灵宝县南。司户参军:主管州中民户之官。②官:做官的任上。③开封:今河南省开封市。④纳:接纳。⑤出:使之出。⑥恸:痛哭。⑦笞:古代一种刑罚。用荆条或竹板打大腿、臀部或背部。

【译文】五代后周朝的王凝,任虢州司户参军,死在任上。王凝的妻子李氏带了她的小儿子,因服丧而回家。路过开封,想宿客栈,店主因她丧事在身不肯让她住宿。李氏因为天色已晚不肯离去。店主拉着她的手臂,硬把她拉出门外。李氏因为手臂被别人拉了一把,觉得很羞耻,于是仰头大哭说到:"天啊!我不幸丈夫死了,而且这只手竟然被别人拉过。"就用斧头把自己的手臂砍下了。县官知道这件事,奏明朝廷,朝廷颁赐医药给李氏,鞭笞店主一顿。

三十八 王李断臂

三十九　淑娘感愤

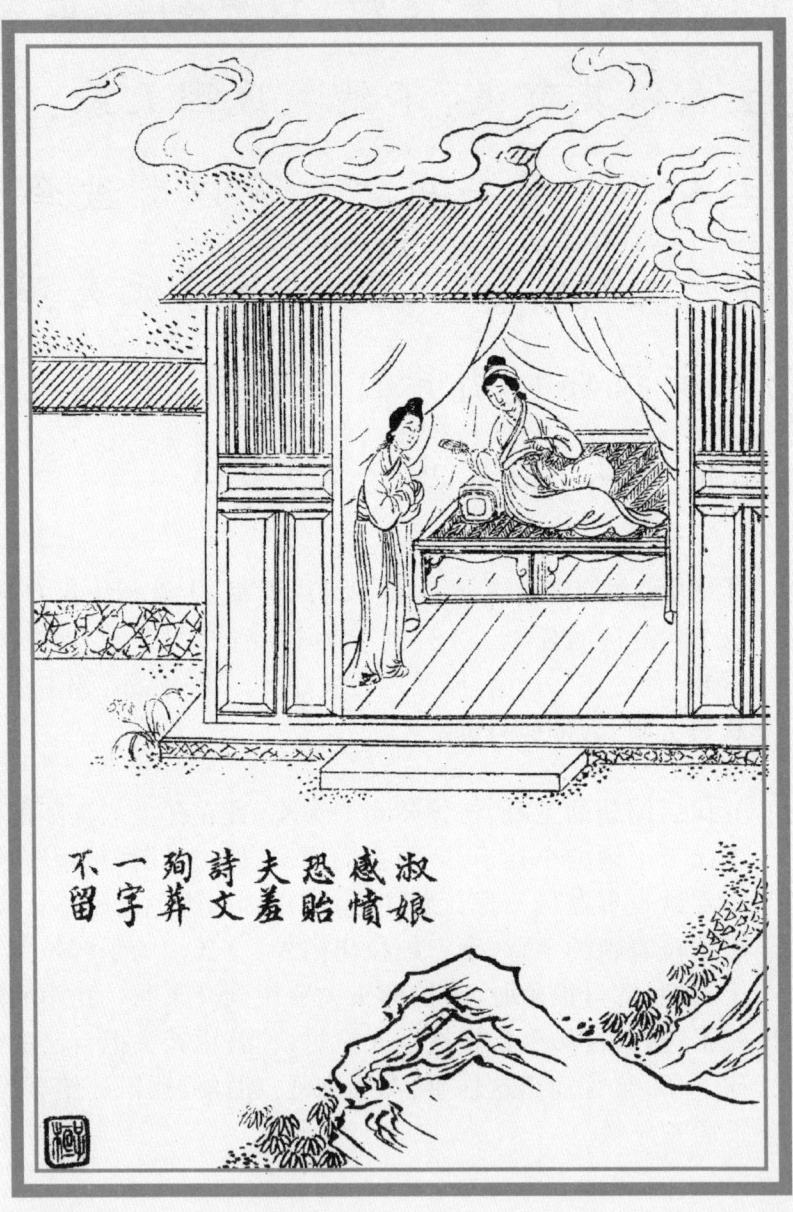

淑娘感愤
恐贻夫羞
诗文殉葬
一字不留

【原评】淑娘以亲戚议改嫁,将无面目以见王司户,感愤而亡。且举所作诗文,尽纳柩中。其父检故纸,惟得《咏竹》一绝云:"劲直忠臣节,孤高烈女心。四时同一色,霜雪不能侵。"其崇节尚耻,于今为烈矣。

【原文】宋王防妻黄淑娘,建宁人①,通经史,能诗文。防为泗州户曹②,卒于官。黄挈柩归葬,服除,亲戚议更嫁于庐陵令安推③。黄闻之,泣曰:"使我九泉下,何面目见王司户乎?"遂感愤而卒。临终,嘱婢以所作诗文,纳柩中,不贻王氏羞也④。

【注释】①建宁:在福建省西北部。②泗州:在今江苏盱眙县境。户曹:官名,掌管民事。③庐陵:在今江西省吉安市。④贻:遗留,致使。

【译文】宋朝王防的妻子黄淑娘,建宁人,通达五经和史籍,会作诗文。王防任泗州户曹,死在任上。黄淑娘带着丈夫的灵柩回家乡安葬。服丧期满后,亲戚商议着让黄淑娘改嫁给庐陵县官安推。黄淑娘听到后哭着说:"叫我死后还有什么面目见王司户呢?"就伤心愤懑而死。临死前,她嘱咐丫鬟把她生平所作诗文放在自己的棺材里,不可留在世上以致王家蒙羞。

三十九 淑娘感愤

四十　朱陈不辱

宫人朱陈，羞为虏臣，既不辱国，亦免辱身。

[原评] 女子不辱身，已足令人起敬。朱陈二宫人，更能以不辱国为先，羞为虏臣而自缢。则凡入贰臣传者，当亦汗颜无地矣。绝命词三十二字，可为千秋之明训。

【原文】宫人朱氏封安康夫人，陈氏封安定夫人。宋亡，籍入元宫①。至元十三年②，五月十二日夜，皆沐浴整衣自缢③。朱氏衣中并藏有绝命词一纸云："既不辱国，亦免辱身。世食宋禄，羞为虏臣。今日之事，守于一贞。忠臣孝子，期以自新。"

【注释】①籍：名册，相当于户籍。②至元：元世祖年号。③自缢：上吊自杀。

【译文】宋末年间有两个宫人，朱氏封作"安康夫人"，陈氏封作"安定夫人"。宋朝灭亡后，这两个宫人归入元朝宫里。在元朝至元十三年五月十二日的晚上，两个宫人都沐浴更衣，上吊而死。在朱氏的衣裳里面，藏着一张写着绝命词的纸，词的意思是说："我的行为，没有成为国家的耻辱，也没有成为自己的耻辱。世代吃着宋朝的俸禄，再去作其他朝代的臣子是非常可耻的。我今天自杀，无非守着一个'贞'字。希望忠臣孝子见了此词，都会自强不息。"

四十 朱陈不辱

四十一　谢李惜颜

李氏匿孤
为众就俘
闻将没入
避耻捐躯

【原评】匿子以避难,忠也;不以己累人,义也;挺身以就俘,勇也;闻将没入而自缢,耻也;遗嘱二子善事其姑,孝也。孝义忠勇,令德孔多。吾取其"不作无耻降臣,腼颜以事二君"之言,以愧女子之二三其德者。

四十一 谢李惜颜

【原文】宋谢枋得,起兵复宋,兵败,入闽①。妻李氏携二子,匿贵溪山中,披荆翳棘②,采草木而食。元将捕李不得,下令曰:"不得李氏,即屠其山民。"李闻之曰:"岂可以我故累人。"乃出,遂就俘。明年徙建康③,或曰:"将没入矣④。"李曰:"我岂如无耻降臣,腼颜事二君哉⑤?"其夜,解裙带自缢。

【注释】①闽:福建省。②翳:遮蔽,隐藏。③徙:迁移,移居。④没入:融入。⑤腼颜:羞愧的脸色。

【译文】宋亡后,谢枋得起兵企图光复宋室,兵败,逃入福建。谢枋得的妻子李氏带两个儿子,躲藏在贵溪山里,在荆棘丛里藏着,采草木吃而为生。元朝的将领捉不到李氏,下令说:"若找不到李氏,就杀光山里的百姓。"李氏听到了,说:"怎么可以因为我而连累别人呢?"就出去给他们捉走了。第二年,李氏迁移到建康,有人对她说:"快要融入元朝了吧?"李氏说:"我怎么会像那些投降的臣子那般无耻,羞愧地去服侍两朝皇帝?"这夜,她解下自己的裙带上吊自杀了。

四十二 余闻断发

闻氏重耻，可以无生
其姑病目舐之復明

【原评】吕坤谓：未有贞妻不为孝妇者，亦未有烈妇不为贞妻者。闻氏事姑，涤手漱口，上堂舐目，竟得复明。非至孝感通，孰谓舌能愈目哉？乃有欺其不见，而以蟦具食者。

【原文】元余新之妻闻氏，绍兴人①。夫殁②，闻氏尚幼，父母虑其不能守，欲更嫁之。闻氏泣曰："一身二夫，烈妇所耻。女可无生，可无耻乎？且姑老子幼，女去，将谁依也？"即断发自誓。父母知其志笃③，乃不忍强④。姑久病失明，闻氏手涤涸秽⑤，时漱口上堂，舐其目，目为复明。

【注释】①绍兴：今浙江省绍兴市。②殁：去世。③笃：坚定。④强：强迫。⑤涤：洗。涸秽：肮脏污浊。

【译文】元朝余新之的妻子闻氏，绍兴人。丈夫死时，闻氏还很年轻。她的父母怕她不能守节，就想叫她另嫁他人。闻氏流着眼泪说道："一个人嫁两个丈夫，是贞烈妇人认为最羞耻的。我可以死，但可以无耻吗？而且婆婆年老，儿子又小。我如果改嫁他人，叫他们一老一小依靠谁过日子呢？"于是就割去头发，发誓不嫁。父母知道她志向坚定，也没有再强迫她了。她的婆婆因久病而瞎了，闻氏洗手漱口，到堂上去舐婆婆的眼睛。后来她婆婆的眼睛竟然复明了。

四十二 余闻断发

四十三 张刘毁炕

張妻劉氏清潔操持
寄書坐炕恥而毀之

[原评] 刘氏死守待夫，足杜豪家之觊觎。乃因寄信者坐其炕而毁之，"毁炕夫人"之名，后世引为佳话。今之男女杂坐，互相谈笑者，试读此传，其亦有动于中也否耶？

【原文】元张中顺妻刘氏，嫁未几①，夫游云南，十年不返。里中豪②，悦其姿，数使人绐之曰③："中顺死矣，当择富贵者嫁之。"刘曰："夫果不还，愿以死守。"有男子为中顺寄信至，坐其炕侧④，刘以为耻。及寄信者去，乃毁炕。又五年，中顺归。人遂称刘为"毁炕夫人"。

【注释】①未几：不久。②豪：有钱人。③数：屡次。绐：哄骗。④炕：北方人用土坯或砖头砌成的一种床。底下有洞，可以生火取暖。

【译文】元朝张中顺的妻子刘氏，嫁过来不久，她的丈夫就到云南去了，过了十年都不回家。乡里有有钱人喜欢刘氏的姿色，多次差人来哄骗刘氏："张中顺已经死了，你可以找一个有钱人，嫁给他。"刘氏说："我的丈夫若是真的不回，我宁愿守节至死。"有一次，有个男子替张中顺送家书来，坐在刘氏的炕床旁边，刘氏感到羞耻。等带信的人走了，她就把那个炕床毁掉了。又过了五年，张中顺回来了，大家就把刘氏叫作"毁炕夫人"。

四十四　徐后内训

明徐皇后媿德弗似
率下佐君恭以远耻

【原评】以贞静之姿，贤淑之行，正位中宫。愧德弗似，其战兢惕厉之心，可以想见。夫德如徐后，尚不敢自足；彼无徐后之德者，更当以此自勉。其《内训》二十篇，妇女尤不可不读。

【原文】明成祖皇后徐氏,中山王达之长女,幼贞静,好读书。太祖闻其贤淑,面与达订婚。及册为皇后,每思备位中宫①,愧德弗似,时以歉于率下②,无美佐君,有忝母后之训为耻③。尝采女宪《女诫》④,作《内训》二十篇,又类编古人嘉言善行,作劝善书,颁行天下。

【注释】①中宫:皇后。②歉:惭愧。率下:作下属表率。③忝:羞辱。④宪:规范。

【译文】明成祖皇帝的皇后徐氏,是中山王徐达的大女儿,从小时就娴静爱读书。明太祖知道她贤淑,亲自跟徐达当面订婚。等到她被册封为皇后后,心里常想自己的德行还不足以当皇后,常常惭愧不能作为后宫的表率者,没有美德以辅助君王,有愧于太后的训诫。她曾经根据有关女子规范的《女诫》一书,作了二十篇《内训》,又分类编辑古人的善言善行,编成劝善书来颁布天下。

四十五　贵梅隐恶

唐女贵梅
不为负羝
耻言姑淫
受责不辩

【原评】贵梅之耻德尚矣。守身如玉，誓死不从。一旦遭难言之冤苦，负不孝之恶名；受责不辩，以死自明。君子悯其遇，嘉其行，钦其德，而叹贫家幼妇，为弗可及已。

【原文】明朱某妻唐贵梅,贵池人①,夫病且弱。姑悍而淫,与徽商私②。商欲并得贵梅,贿姑劝诱,继以棰楚及炮烙③。贵梅誓死不从。乃以不孝讼官。官受商赂,拷贵梅几死④。亲党劝其首实⑤,贵梅耻言长者之过⑥,始终不辨。归缢于后园梅树而死。

【注释】①贵池:在今安徽省池州市。②私:通奸。③棰楚:鞭杖之刑。炮烙:用烧红的铜铁烙人的刑罚。④几:几乎。⑤首:告发。⑥长者:长辈。

【译文】明朝朱某的妻子唐贵梅,贵池人。她的丈夫生病,身体虚弱。她的婆婆凶悍且淫荡,和一个徽州商人通奸。那商人又看中唐贵梅,用银钱贿通了她的婆婆去劝诱她。唐贵梅不肯,他们就竹棒打她,再用烧红的铜铁去烙她。唐贵梅誓死不从。她的婆婆去官府告唐贵梅不孝。贪官受了商人贿赂,重重地拷打唐贵梅,差点打死她了。亲戚和同乡都劝她告发实情。唐贵梅认为说长辈的过失是很羞耻的事,始终不肯辩白。她回家后就在后园的梅花树上上吊自杀了。

四十六 严许不腼

明严许氏
其夫诲淫
抱儿避去
自刎明心

[原评] 以妇易酒,无耻甚矣。逼以棰楚,诚狗彘之不若矣。然非遇狗彘不若之博徒,不足以显著佳妇之德行。以许氏之洁身自爱,而竟遇此无耻下流。殆天所以试许氏,而俾其垂名不朽也。

【原文】明严许氏，松江人。其夫饮博①，不治生，诸博徒与谋曰②："若妇少艾③，曷不共我辈欢？可得钱治酒。"严以意诲许④。许不可。逼以棰楚⑤。仍不可。诸博徒以酒肴至⑥，将迫之。许抱儿避入邻家，泣谓之曰："尔父不才，吾安能腼颜自存⑦，以俟尔成立？"及夜，阖扉自刎⑧。

【注释】①饮博：饮酒赌博。②谋：商量。③少艾：年轻貌美。④诲：劝诫。⑤棰楚：鞭打。⑥肴：泛指荤菜。⑦腼颜：羞耻的脸色。⑧阖扉：关门。

【译文】明朝严家的许氏妇人，松江人。她的丈夫严某喜欢喝酒赌钱，不肯干活维持生计。几个赌棍跟严某商量道："你的老婆年轻貌美，怎么不叫她和我们风流快活呢？可以赚到银钱去买酒呢。"严某劝许氏去侍奉赌徒，许氏不肯。严某便威逼鞭打她，许氏仍不肯。几个赌棍拿了酒菜，就要强迫她了。许氏抱着儿子逃到邻居家去，哭着对儿子说："你的父亲不上进，我怎么能忍着羞耻活下去等你长大？"到夜里，许氏关上门就用刀割颈自杀了。

四十七 赖刘砥节

赖妻刘氏受教於夫
誓不蒙耻砥節植孤

【原评】观刘氏诗句,早具死节之心。经国华劝导,乃守节抚孤,以竟其志。盖死节系一时之烈,守节抚孤,难而且久。贞烈妇女,死节可,守节抚孤亦可,讵有难易久暂之分哉?

【原文】明赖国华，疾笃①，付妻刘氏以诗曰："红颜将白发，痛恨只三春。莫堕孤灯泪，更衣事后人。"刘悲泣，徐和曰②："固将同白发，岂料负青春。富贵生蒙耻，何如死节人。"国华曰："死节名在一身，抚孤事在百世。苟非迫不得已，毋强博虚名也③。"刘谨受教④。国华殁，乃砥节植孤以终⑤。

【注释】①笃：形容病势沉重。②和：以诗歌酬答；依照别人诗词的题材和体裁来作诗词。③强：勉强。④谨：恭敬，谨慎。⑤砥节：砥砺操守。植：培养。

【译文】明朝赖国华，病势沉重，写了一首诗给妻子刘氏。诗的意思是："我将要死了，痛恨我们只有三年的美好日子。你不要独自流泪，做好再嫁的准备吧。"刘氏悲伤痛哭，慢慢地和了他的诗，诗的意思是说："我是一心与你过一辈子的，谁知道我们即将早逝。我以富贵地独自活着而觉得羞耻，宁愿守节与你一起死去。"赖国华说："死节的名声只是一时而已，抚孤的功绩却是可影响百代的。倘若不是迫不得已，万万不可勉强去求个贞洁的虚名，而耽误育儿之事啊。"刘氏恭敬谨慎地接受了丈夫的教训。赖国华死后，刘氏谨守贞节，培养儿子，一直到老。

四十七 赖刘砥节

四十八 魏氏防玷

明魏宫人投河而死不玷皇家恐贻国耻

【原评】国破君亡,其耻孰甚,此正忠臣烈女尽节之时,略事徘徊,后悔莫及。魏宫人大声疾呼,落落数言,激发众女之天良,一时从之者二百余人。孔子曰:"德不孤,必有邻。"好德者盍起而倡导之。

【原文】明宫人魏氏①，史失其籍②。崇祯甲申，流贼李自成破京师③，奸淫掳掠，无所不至。当贼入宫时，魏氏大呼同辈曰："我辈受皇家厚恩，不可受辱于贼，以玷皇家而贻国耻④。有志者宜早自为计。"言讫⑤，跃入御河而死⑥。从之者二百余人。

【注释】①宫人：妃嫔、宫女的统称。②籍：原籍，籍贯。③流贼：四处流窜的盗贼。旧时多用于对明末李自成、张献忠等领导的农民起义军的蔑称。④玷：玷污。贻：遗留，致使。⑤讫：完毕。⑥御河：护城河。

【译文】明朝末年间的宫人魏氏，史书上没有记载她的原籍。崇祯甲申年间，流贼李自成攻破京城，强奸妇女，掳掠人民，无所不为。当流贼们杀进皇宫时，魏宫人大声呼唤同伴说："我们受了皇家深厚的恩典，不可以受贼人的污辱，玷污皇家，又给国家遗留耻辱。凡是有志气的人应该尽早想个法子全节。"说完，魏宫人就跳入护城河死了。随即跟着她跳入护城河寻死的有二百多人。

四十九　士会有耻

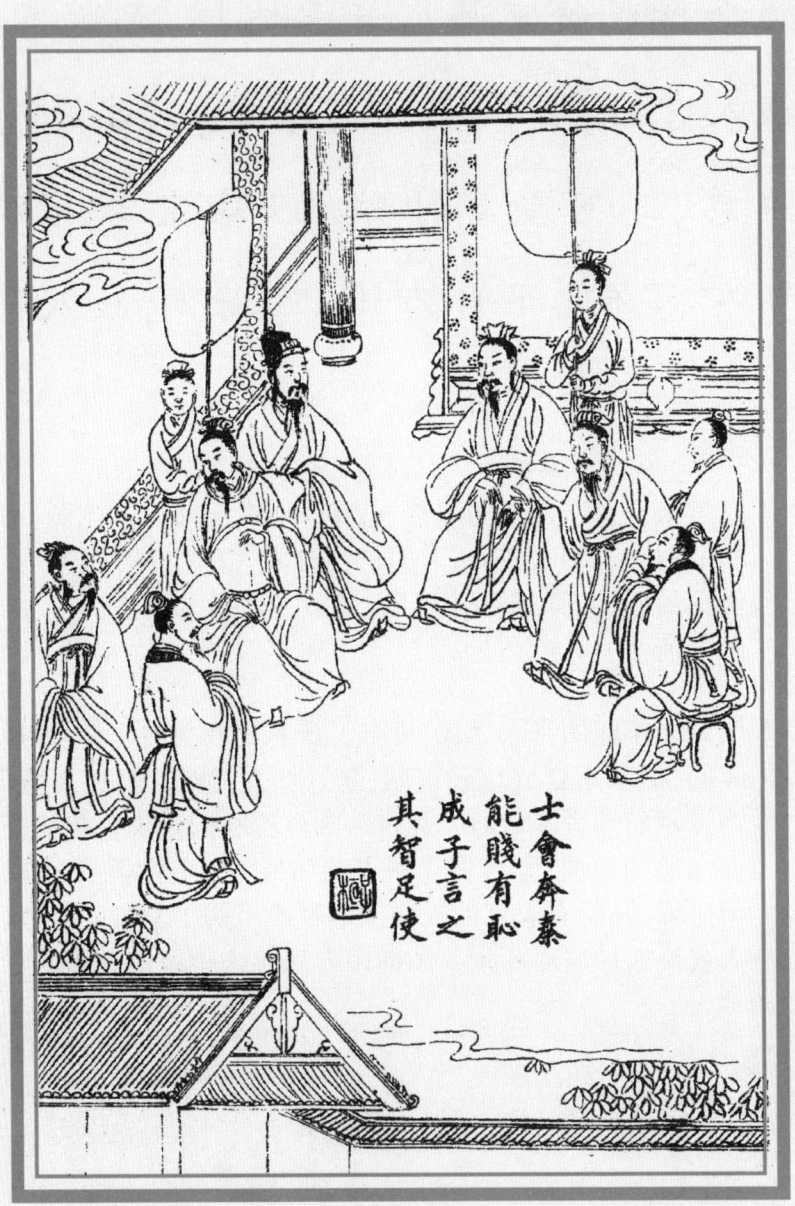

士會奔秦
能賤有恥
成子言之
其智足使

[原评] 随武子因先蔑为正卿而不匡谏，卒致应荀林父之言，俱蒙迎公子雍之罪。其奔秦也，盖不得已也，非义先蔑而从之也。是以在秦六年之久，始终不见先蔑。郤成子称其有耻，可谓随会之知己矣。

四十九 士会有耻

【原文】周晋士会亦称随会①。从先蔑使于秦，迎公子雍。晋复背之②，败秦师于令狐③。先蔑奔秦，士会从之。在秦六年，不见先蔑。后晋六卿相见于诸浮④，郤成子曰："随会能贱而有耻⑤，柔而不犯。其智足使也，且无罪。"乃计使魏寿余伪叛归秦，履士会之足于朝，偕士会复归于晋。

【注释】①随会：士会食采随地，故称随会，亦曰随季。谥武子。②背：反悔。③令狐：在今山西省运城市临猗县西部。④六卿：三军之将佐。诸浮：在今山西省。⑤贱：地位低微。

【译文】周朝晋国的士会，也叫随会。士会跟先蔑出使去秦国，迎接公子雍。后来晋国反悔了，在令狐打败了秦国。先蔑逃到秦国去，士会也跟了去，但在秦国呆了六年，没有见过先蔑一面。后来晋国的六卿在诸浮聚会，郤成子说："随会的地位虽然卑微，但他有羞耻之心。性格温柔，但人家不能侵犯他，是因为他有足够的智慧，况且他也没有罪。"于是，郤成子就想了一个计策，叫魏寿余假装背叛晋国，逃到秦国去。魏寿余在朝堂上踩了士会的脚一下，大家通了暗号，就把士会带了回晋国。

五十 启疆谏王

启疆告君
既缔婚姻
务行其礼
不求耻人

【原评】薳启疆可谓善用其耻矣。当韩起、叔向送女如楚,楚若以韩起为阍,以叔向为司宫,非不足以辱晋而报郧之耻也。然不旋踵,而晋之五卿八大夫,必奋怒以报耻。楚将大败而蒙大耻矣。可不慎乎?

【原文】周楚子欲辱晋韩起、叔向，以问其大夫可否。蒍启疆曰："苟有其备，何故不可？耻匹夫不可以无备，况耻国乎？是以圣王务行礼，不求耻人，晋之事君①，臣曰可矣。求诸侯而麇至②，求昏而荐女③，犹欲耻之。君若无备，奈何？"王曰："不穀之过也④。大夫无辱。"乃厚为韩起、叔向礼。

【注释】①事：对待。②麇：成群。③昏：通婚。荐：进奉。④不穀：不善，古代王侯自称的谦词。

【译文】周朝楚国的国君，要想把晋国的韩起、叔向羞辱一番，问士大夫们咨询意见。蒍启疆说："如果我们做好了准备，有何不可呢？羞辱一个匹夫都要有所准备，何况现在是羞辱一个国家？贤明的君主应该遵行礼法，不用去羞辱别人。何况晋国对您，依我看来，也算是可以的了。你要晋国的诸侯来，他们就成群地来了。你向晋国求婚，他们就送了一群女子来。都这样了，你还要羞辱他们的话，羞辱后，你若没有做好准备，那怎么办呢？"楚王听了，说："这是我的过错啊，国家的士大夫是不能羞辱的。"于是以礼厚待韩起、叔向。

五十 启疆谏王

五十一 豫让行乞

豫讓行乞
報主情深
漆身吞炭
以愧二心

【原评】方正学谓：豫让于智伯请地无厌之日，不能谏主革非。至国破身亡之后，始为行刺报仇，非国士事也。然让固忠义之士，彼朝为仇敌，暮为君臣，腼然不知有羞恶之心者，实豫子之罪人也。

【原文】 周晋豫让欲为智伯报仇,漆身为厉①,吞炭为哑,行乞于市。友曰:"以子之才事襄子,襄子必近幸②。子乃为所欲,顾不易耶③?"让曰:"既臣事人,而求杀之,是怀二心以事君也。吾所为难,将以愧天下后世之怀二心者。"襄子出,让行刺不克④。请其衣,拔剑三跃击之,伏剑而死⑤。

【注释】 ①漆身:用油漆涂身。厉:癞疮。②近幸:亲近宠幸。③顾:难道。④不克:不成功。⑤伏剑:以剑自刎。

【译文】 周朝晋国的豫让,想替他的旧主智伯报仇,用漆涂抹自己身子以成癞疮,又吞了炭弄哑自己,在市上行乞。他的朋友看见了,就说:"以你的才学,去为仇人襄子做事,襄子一定会亲近宠幸你的。那时你再去实施你的计划,岂不很容易么?"豫让说:"既然做别人的臣子,又有杀人之心,这就是怀着二心去侍奉主人了。我之所以觉得为难,是不能做那些为天下人所耻的怀有二心的人。"后来襄子外出,豫让就去行刺他,但不成功。豫让就讨要了襄子的衣服,拔出剑三次跃起刺那件衣服,然后用剑自杀了。

五十二 释之结袜

释之忍辱
敬禮王生
跪結其韤
見重公卿

【原评】先君曰：张廷尉卑躬敬贤，执法不乱。桥下惊乘舆，法止罚金。高庙盗玉环，罪止弃市。虽帝大怒，坚守不移。至跪结王生之袜，其能忍辱须臾，不啻张良之纳履，韩信之袴下焉。尤非大臣所能为尔。

【原文】汉张释之为廷尉时①,有王生者,善释老②,隐居不仕。释之与之善③,尝召公卿,王生立庭中,袜解,顾谓释之曰:"为我结袜。"释之跪而结之。既退,或曰:"奈何庭辱张廷尉?"王生曰:"吾老且贱,自度无益于廷尉④。聊辱结袜,欲以重之耳。"诸公卿闻之,皆贤王生而重释之。

【注释】①廷尉:掌刑狱的官名。②释老:佛家和道家。③善:交好。④度:思忖。

【译文】汉朝张释之任廷尉时,有个王生,精通佛家、道家理论,隐居不肯做官。张释之和他交好。张释之曾召集众公卿相会,王生站在庭中,绑袜子的绳散了,他看着张释之说:"你替我绑一绑袜绳吧。"张释之就跪着替他绑好了。王生回去后,有人问他:"你为什么在大庭广众中羞辱张廷尉呢?"王生说道:"我老了,又贫贱,没什么有益于廷尉的。所以用结袜一事去羞辱他,使大家都看重他啊。"后来公卿们知道原委,都赞叹王生贤良和敬重张释之的度量。

五十二 释之结袜

五十三 张磐面对

【原评】 张磐生平夙以清白称,故后为庐江太守,人皆钦之。当其被诬下狱,既会赦而见原,人亦孰不知其无罪乎?乃以耻故不肯出狱。且更牢持械焉,必传度尚面对曲直,以雪侵辱之耻。愈足见其操守矣。

【原文】汉张磐为荆州刺史度尚所诬①，徵下廷尉②。会赦见原③，磐不肯出狱，曰："磐为国爪牙④，而为尚所诬。事有虚实，法有是非。磐实不辜⑤，赦无所除。如忍以苟免⑥，永受侵辱之耻。乞传尚诣廷尉⑦，面对曲直，以明真伪。"廷尉以其状闻，上诏徵尚到廷尉，词穷伏罪⑧，以先有功得原。

【注释】①荆州：在今湖北省荆州市。诬：诬蔑。②廷尉：官名。③见原：被原谅。④爪牙：卫士。⑤不辜：无罪。⑥苟：随便，不谨慎。⑦诣：前往。⑧伏罪：认罪。

【译文】汉朝张磐，被荆州刺史度尚诬害，以致下狱。后来遇赦免罪，但张磐不肯出狱，他说："我是国家的卫士，竟被度尚诬害。大凡事情，总有真假。国家法律也一定能分辨是非。我实际上就是没罪的，赦免其实也无罪需免。如果我苟且忍受被赦免，那我就要承受着被侵犯的耻辱了。我请求把度尚传到廷尉这里来，大家当面对质，以求搞清楚这件事。"廷尉把这个情况上奏了。皇上把度尚诏到廷尉这里来。度尚理亏，无话可说，就此认罪，但因为之前立了功，所以得以免罪。

五十三 张磐面对

五十四 嵇康灭灯

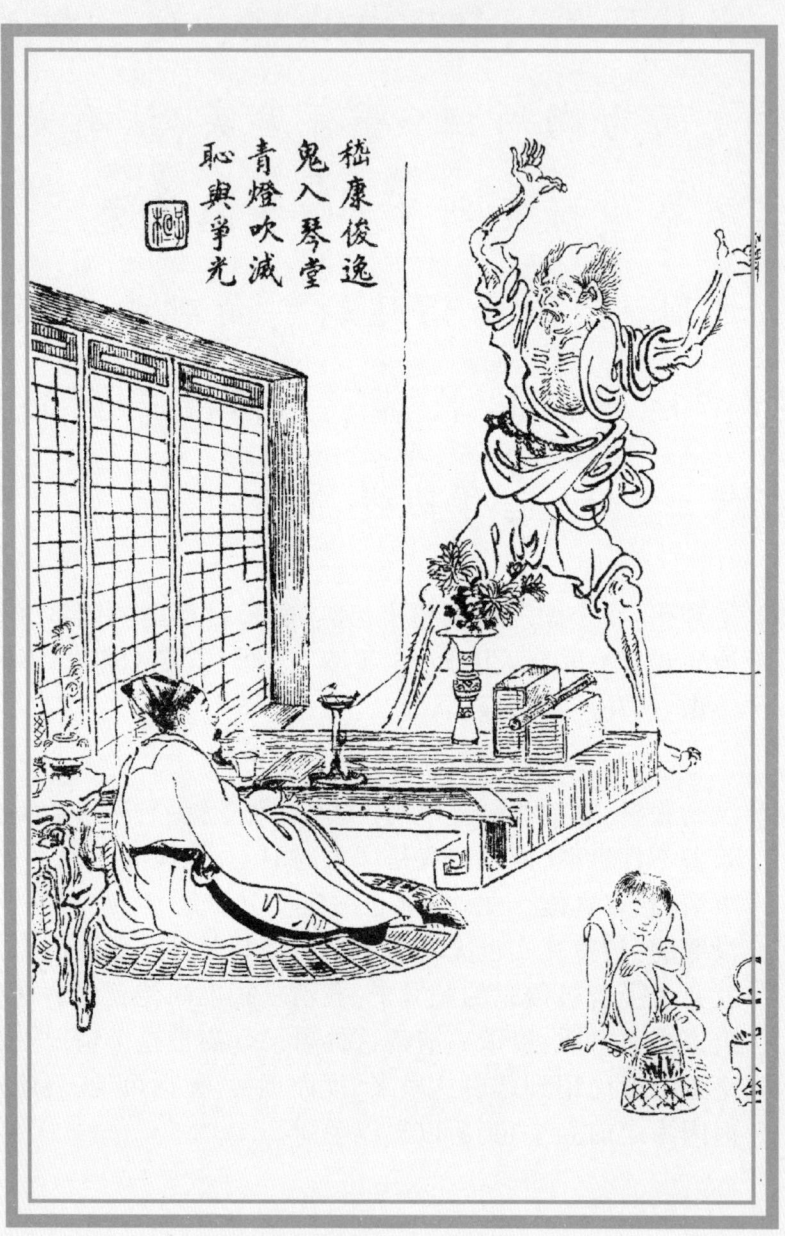

嵇康俊逸
鬼入琴堂
青燈吹滅
恥與爭光

【原评】嵇叔夜导气养性,著有《养生篇》。拜中散大夫,不就。惟弹琴以自乐,其高尚已可概见。山涛欲让以尚书,不惜绝交以拒之,尤为人所难能。至耻与鬼魅争光,乃其余事耳。而媚鬼及畏鬼者,当闻之愧矣。

【原文】晋嵇康与山涛、阮籍、阮咸、王戎、向秀、刘伶,为竹林之游,世号"竹林七贤"。山涛为吏部尚书①,欲举康自代②。康为绝交书以拒之③。尝于灯下弹琴,有一人入其室。初时犹小,须臾转大④,遂长丈余,颜色甚黑⑤,单衣草带,不复似人。康熟视良久,乃吹灭灯,曰:"耻与鬼魅争光⑥。"

【注释】①吏部尚书:官名。②举:举荐。③绝交:断绝交往。④须臾:一会儿。⑤颜色:容颜脸色。⑥鬼魅:鬼怪。

【译文】晋朝嵇康,和山涛、阮籍、阮咸、王戎、向秀、刘伶一共七人,常在竹林里游玩,当时的人称他们为"竹林七贤"。山涛任吏部尚书,想荐举嵇康来替代自己。嵇康不肯,还写了一封绝交信给山涛。有一次,嵇康在灯下弹琴,有一个人走进他的房间。初时,那个人还是很小的,过了一会儿就变大了,忽然就大到一丈多了。他容颜脸色非常黑,身上穿着一件单衣,衣带是草做的,不像是人。嵇康看了他一会,就把灯吹灭了,说道:"我耻与鬼怪争光明。"

五十四 嵇康灭灯

五十五 沈劲立勋

沈劲干蛊
志欲立勋
卒雪先耻
不媿冠军

【原评】沈劲欲立勋以雪父耻，徒以刑家不得仕进。年三十余，尚无所建。幸郡将王胡之异其人，上疏言劲清操著于乡邦，贞固足以干事。遂补冠军长史，助祐御敌，以寡制众。卒雪先耻，干父之蛊，虽死犹生。

【原文】晋沈劲父充构逆①,为吴儒所杀。劲匿得免。少有节操,哀父死于非义,欲立勋以雪先耻②。时陈祐以燕兵逼洛阳③,粮绝无援,乃以五百人付劲守之。劲欣曰:"吾志欲致命,今得之矣。"城陷被执④,神气自若。慕容恪将宥之⑤,慕容虔曰:"劲雅奇士⑥,其志度终不为人用。"遂遇害。

【注释】①构逆:造反,发动叛乱。②勋:功勋,功劳。③燕:十六国之一。洛阳:在今河南省洛阳市。④执:捉获。⑤宥:赦免。⑥雅:向来,素来。

【译文】晋朝的沈劲,其父亲沈充发动叛乱,被吴儒杀死了。沈劲躲藏起来才免一死。沈劲自幼就有节操,他对父亲死于不义的行为感到痛恨,所以立志要建立功勋以雪父亲之耻。这时候,燕军来攻打洛阳,城里的粮食快吃完了,外面又没有救兵来,陈祐就把五百士兵交给沈劲调度,叫他把城守好。沈劲高兴地说:"我生平立志尽忠报国,现在可以如愿了。"后来城池被攻破,沈劲被敌军捉住了。他神情自若,慕容恪想释放他,慕容虔说:"沈劲向来是个奇士,以他的志向,是不肯向别人投降的。"沈劲就此被杀害了。

五十五 沈劲立勋

五十六 麒麟羞刘

麒麟仁厚
刑罚何堪
以卿应斩
善庆大憨

【原评】麒麟扩充己之恻隐之心,激发人之羞恶之心。故其子孙有才有学,世代友爱显达。许止净谓:麟性仁厚,故其趾亦仁厚;文王后妃仁厚,故其子亦仁厚。观麒麟之家风,诚无愧其名义,故天报之亦厚。

【原文】北魏韩麒麟,参慕容白曜军事,攻升城,将坑之①。麒麟谏曰:"宜示宽厚。"曜从之,皆令复业,齐人大悦。拜齐州刺史②,为政尚宽。从事刘普庆曰③:"明公仗节方夏④,无所诛斩,何以示威?"麒麟曰:"刑罚所以止恶,仁者不得已而用之。若必断斩立威,当以卿应之。"普庆惭惧而退。

【注释】①坑:活埋。②齐州:在山东省历城。③从事:佐吏。④明公:对位尊者的尊称。仗节:把握政权。方夏:华夏。

【译文】北魏的韩麒麟,在慕容白曜的军队里参治军事。有一次,他们去攻打升城,慕容白曜要把城里的百姓活埋。韩麒麟劝道:"攻城后,宜宽厚地对待百姓。"慕容白曜听从了他,百姓恢复了正常生活,齐州的百姓都非常高兴。后来韩麒麟任齐州刺史,施行宽厚的仁政。他的下属刘普庆说:"您手握华夏政权,不杀几个人,怎么建立威严呢?"韩麒麟说:"要知道刑罚是用来劝止恶人的,有仁心的人不得已才用到。若是一定要杀人立威,那就先杀你吧。"刘普庆一听,惭愧恐惧地退下了。

五十七 崔劼立身

崔劼立身耻言自达
雖有佳兒不為薦拔

【原评】人莫不爱其子。而仕宦者,尤莫不冀其子之显荣。况其时,世门之胄,多处京官乎!况崔公甚为文宣帝所重乎!乃能清虚寡欲,明耻立身。则凡干禄夤缘,蝇营狗苟,为子为身者,亦徒见其颜厚耳。

【原文】北齐崔劼,历任尚书,见称简正①。初,和士开擅朝②,曲求物誉③,人颇因此为子弟干禄④。世门之胄⑤,多处京官。而劼二子,并为外任。弟廓之从容谓劼曰⑥:"拱、㧑幸得不凡,何为不在省府中清华之所⑦,而并出外藩⑧?"劼曰:"立身在耻以言自达。今若进儿,与身何异?"闻者咸叹服。

【注释】①见称:受人称誉。②擅朝:把握朝廷大权。③曲:多方面,周遍。④干禄:求禄位,求仕进。⑤胄:后嗣。⑥从容:悠闲缓慢,不慌不忙。⑦清华:谓门第或职位清高显贵。⑧外藩:外地。

【译文】北齐崔劼,在朝廷为官多次任尚书,以简洁廉正著称。当时,和士开把持朝政,想方设法贪物贪名。做官的人都为自己的子弟求官禄。当时的贵族子弟,很多都在京城做官。但崔劼的两个儿子崔拱、崔㧑,都在外地做官。崔劼的弟弟崔廓之从容地对哥哥说:"你的两个儿子有幸生得不凡,为什么不替他们在京城谋个好职位,而要他们在外任官呢?"崔劼说:"一个人安身立命,如果要用巧言自荐,那是很羞耻的事。如果我把儿子安排在京城做官,那和荐达自身有何分别呢?"听到这番话的人,都很赞叹佩服他。

五十八 王颁谢官

王颁復讐
勿藥有喜
陳滅錄功
加官為恥

【原评】李文耕谓：父母之仇，不共戴天。王景彦誓在必报，而志至气至，才智勇力，遂无一不至，卒能先驱力战。襄成灭陈之功，虽凭仗国家威灵，要其慷慨激愤，计念深矣。岂非有志者事竟成耶？

【原文】隋王颁,父僧辩为陈武帝所杀,誓报之。开皇初,献取陈之策。文帝大举伐陈。颁从韩擒虎先锋夜济①,力战被伤,恐不堪复斗,悲感呜咽②。夜梦有人授以药,比寤而疮合③。及陈灭,有司录其功④,将加柱国⑤。颁固辞曰:"臣凭国威灵⑥,得雪私怨。所加官赏,耻不敢当。"帝从之。

【注释】①济:过河。②呜咽:低声哭泣。③寤:睡醒。④有司:官吏。⑤柱国:肩负国家重任的大臣。⑥威灵:显赫的声威。

【译文】隋朝王颁,他的父亲僧辩被陈武帝杀死了,王颁立志要报仇。开皇初年,他献上了攻灭陈朝的计策。隋文帝派兵大举伐陈,王颁跟随先锋韩擒虎,在晚上渡河奋战中受伤了。他担心受伤后不能再战斗,不能报仇,就很悲哀地哭着。夜里做梦有人送药给他,醒来伤口就好了。后来灭了陈朝,朝廷记录他的功劳,要封他为身当重任的大臣。王颁坚决推卸道:"我凭借着国家的威灵,报了我的私仇。若加我官赏我物,我只会觉得羞耻而不敢收。"隋文帝依从了他。

五十九　李纲辞职

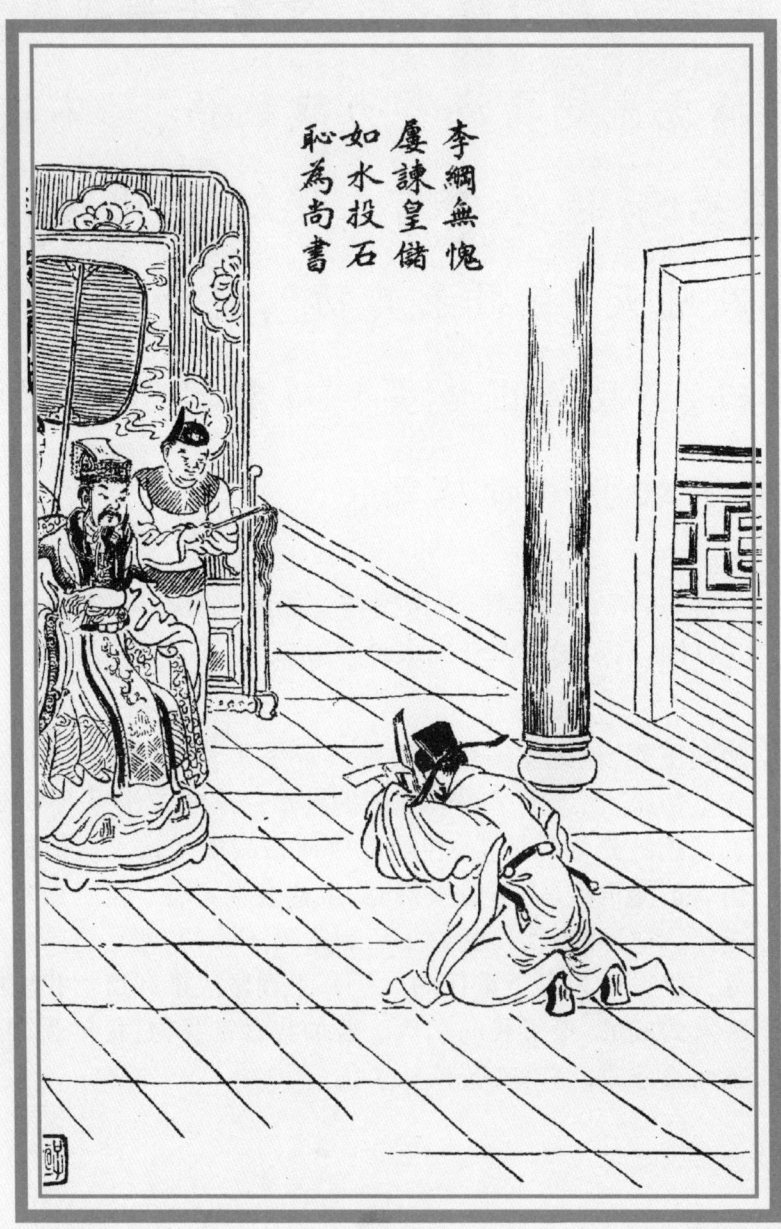

李纲无愧
屡谏皇储
如水投石
耻为尚书

【原评】问心无愧,为潘仁之长史,不足为耻;久污天台,为高祖之尚书,且以为耻。不惜以去职争之,故高祖尝考群臣,以李纲为第一。不然,唐初人才济济,岂仅李纲能尽忠款哉?吾人亦求问心无愧而已。

【原文】唐李纲屡谏太子建成。不听。乞骸骨归①。高祖骂曰:"卿向者为潘仁长史②,乃耻为朕尚书耶?"纲曰:"潘仁,贼也。臣谏之则止,为其长史,可以无愧。陛下创业明主,臣所言如水投石,于太子亦然。臣何敢久污天台③,辱东朝乎④?"帝曰:"知公直臣,可以勉辅吾儿。"纲始就职。

【注释】①乞骸骨归:指告老还乡。②长史:官名。③天台:尚书省。④东朝:东宫,太子居所处。

【译文】唐朝李纲,屡次劝谏太子建成。但太子总是不听。李纲就向皇上告老还乡。唐高祖骂他说:"你从前是潘仁的长史,难道你现在以做我的尚书而羞耻?"李纲说:"潘仁虽然是个反贼,但我劝他,他一定听,所以我做他的长史是无愧的。陛下是个成大业的明君,而我所说的话,就如投到水里的小石头一样,一点影响都没有。我去劝谏太子,也是这样。我怎么敢长期污辱尚书的职位,污辱太子的东宫呢?"皇帝说:"我知道你是个正直的臣子,是可以辅助我儿子的。"李纲这才肯就职。

五十九 李纲辞职

六十 师德忍辱

师德忍辱
问弟为官
人唾汝面
不拭自乾

【原评】许止净谓：圣贤论羞恶之心，如伊尹以不能致君尧舜为耻，颜渊以不及虞舜为耻。若仅以唾面为耻，而必思报复，是所谓不能忍一朝之忿，非圣贤所以教人也。论史者反疵娄公为无耻，何其悖耶？

【原文】唐娄师德为相，弟除代州刺史①。师德谓曰："宠荣过盛，人所疾也②。将何以自免？"弟曰："自今虽有人唾某面③，某拭之而已。"师德愀然曰④："人唾汝面，怒汝也，拭之乃逆其意，所以重其怒。夫唾，不拭自干，当笑而受之。"狄仁杰尝叹曰："娄公盛德，我为所容，乃不知。吾不逮远矣⑤。"

【注释】①除：拜官。代州：地名，在山西省。②疾：妒忌憎恨。③某：自称之词。④愀然：忧愁的样子。⑤不逮：不及。

【译文】唐朝宰相娄师德，他的弟弟任代州刺史。娄师德对弟弟说："人享受太大的荣耀，别人就会妒忌憎恨，你用什么办法避免这个祸端呢？"弟弟说："如果有人吐口水在我脸上，我也不生气，自己揩掉就算了。"娄师德听了，忧愁地说："人家把口水吐在你脸上，就是因为生你气。你若把唾液揩了，就是违背他的意思，更加加重他的怒气了。况且唾液不揩它，它也会自己干的。有人向你脸上吐唾液，你笑着受了才好。"狄仁杰曾叹道："娄公的大德，他包容我，连我自己也不知道。我真是远不及他呀。"

六十一 彦章求死

彦章兵敗
不惜殺身
欲全面目
恥作晉臣

【原评】五代时,朝秦暮楚,不知羞耻者,何可胜数?乃王彦章初则斩使绝妻,继则负伤力战,终且谢绝求死,卒不臣晋。至谓何面目见天下之人?彼贪生畏死,一身兼事五朝者闻之,其亦有动于中否?

【原文】后梁王彦章屯澶州①。晋破之,虏其妻子,厚待之,遣使招彦章②。彦章斩其使。与晋战,屡捷,官副招讨使③。被谗家居④。复起为将,伤重被擒。庄宗爱其勇,欲全之。彦章曰:"兵败力穷,不死何待?吾闻豹死留皮,人死留名。岂有朝事梁而暮事晋,何面目见天下之人乎?"遂见杀⑤。

【注释】①屯:驻扎,戍守。澶州:地名,在河北省。②招:招降。③招讨使:官名。④家居:辞去官职,在家闲着。⑤见:被。

【译文】五代后梁的王彦章,在澶州驻扎屯兵。晋军攻破澶州,把他的老婆孩子虏去,好好对待,然后差遣使者来招降王彦章。王彦章把使者杀了。屡次与晋兵交锋都打了胜仗,官至副招讨使。后来有人在皇帝前说他坏话,他就呆在家中不做官了。随后又被任命为将领。打仗时,他伤得很重,被晋兵捉去。晋庄宗看重王彦章的勇敢,要保全他的性命。王彦章说道:"我现在兵败,无战斗力,此时不死还要待到什么时候呢?我曾经听过古语说'豹死了要留张好皮,人死了要留个好名声'。哪里有早上侍奉梁朝,晚上侍奉晋朝的道理,这样的人有什么面目见天下人呢?"于是被杀。

六十二 伯起志学

伯起自重
耻售科名
闭门志学
朝野蜚声

【原评】 士先器识而后文艺，儒重德行不在科名。而庸俗之流，反以文艺为博取科名计，诚不知耻矣，或且明知之而故犯之也。伯起知之而痛切言之，且言之而切实行之，一洗俗尚之耻，是可以为士者训。

【原文】 宋王伯起,海陵人①,其父纶为太常博士②。起举进士不第③,叹曰:"士不自重,而献艺求售④,可耻也。"于是闭门肆志于学⑤,人莫得窥其面。仁宗赐以粟帛。右司谏王觌志其墓⑥,谓:"伯起不有其道,而道著于朋友;不居其名,而名闻于朝廷。其清高为人所钦仰如此。"

【注释】 ①**海陵**:即今江苏省泰州市海陵区。②**太常博士**:官名。③**不第**:考科举不中。④**献艺**:考取科举。**求售**:希望考中科举,获得功名。⑤**肆志**:纵情。⑥**右司谏**:官名。

【译文】 宋朝王伯起,海陵人,他的父亲王纶是太常博士。王伯起考科举不中,叹气说:"读书人不自重,考取科举以求获得功名,可耻啊。"于是他关门一心读书,没有人能见到他。仁宗皇帝赐给他谷米和绸缎。右司谏王觌给他写墓志时说:"王伯起不以为自己有道,却在朋友中以有道著称;自己不追逐名誉,却誉满朝廷,无人不知。他的清高竟如此令人家钦佩仰慕。"

六十三 安民免镌

安民刊石
耻役陈情
欲加之罪
乞免镌名

【原评】一石工耳,尚耻刻诬正为奸之碑石。于以见羞恶之心,人固有之。惟或为势所逼,或为利所乘,乃牿亡其耻德耳。而安民处于势利交迫之际,尚能以免镌己名为请,以愧彼之官吏。闻斯者能无汗颜?

【原文】宋安民，长安石工也。崇宁间①，颁蔡京所书元佑党碑②，令郡国皆刻石。时安民被役③，辞曰："民愚人，固不知立碑之意。但如司马相公者④，海内称其正直。今谓之奸邪，民不忍刻也。"官怒，欲加之罪。民泣曰："被役不敢辞。乞免镌安民二字于石末⑤，恐得罪后世。"闻者愧之。

【注释】①崇宁：宋徽宗年号。②元佑党碑：按刻名在党籍者，皆哲宗元佑年间朝臣，以司马光为首，凡三百九人。③役：责任，这里指刻碑的责任。④司马相公：指司马光。⑤镌：凿，雕刻。

【译文】宋朝的安民，是长安的一个石匠。崇宁年间，朝廷颁布蔡京写的《元佑党碑》，号令各地都要立石刻碑。这时，作为石匠的安民亦被召去刻碑，他推辞说："我是一个愚笨的人，虽然不知道立碑是什么意思，但像司马相公那样的人品，天下人都称赞他的正直。可是，现在却说他是个奸邪的人，我不忍心去刻这个碑啊。"官吏听了很生气，要治他的罪。安民哭着说："官府叫我做的事，我不敢推辞。但我有个请求，希望在碑石的末端不要刻我的名字，我怕得罪后世的人呀。"听到这话的人都觉得很惭愧。

六十三 安民免镌

六十四 士隆裂帛

宋赵士隆
裂帛示子
谨毒自戕
当为刷耻

【原评】士隆以贼授安抚使为耻，仰药而死，可谓死得其所矣。而犹恐诸子蒙耻而生，竟阴裂帛以示之。而其三子不艾、不懑、不隐，皆能恪遵遗命以就死，尤为可敬。彼忍耻偷生辈，读此传其亦知羞也否耶？

【原文】 宋赵士隆为江南东路铃辖时①,寇围九江百余日。守将委去②,士隆独纠合余民③,誓以死守。城陷,神色怡然。众号呼,言无杀我赵铃辖。贼义之,授伪安抚使④。士隆骂曰:"贼耳!欲屈我耶?"阴裂帛以书寄示诸子曰⑤:"贼不杀我,义不可活。汝辈得出,为我雪耻。"遂仰药而卒。

【注释】 ①**江南东路**:江苏、安徽以南,包括浙江、福建之地。**铃辖**:知府里管兵马之官。②**委**:舍弃。③**纠合**:聚集。④**伪安抚使**:非正统官府所授的衔头称为"伪",这里指贼党授的官衔。⑤**阴**:暗地里。

【译文】 宋朝赵士隆,任江南东路铃辖的时候,强盗围住九江城已经一百多天了。守城的武官都弃城而逃。赵士隆独自集合余下的百姓,誓死守城。后来城池被强盗攻陷,他神色安然。百姓们大声叫着:"不要杀我们的赵铃辖。"强盗佩服他们的义气,就叫他做安抚使。赵士隆骂道:"你们这帮强盗!难道你们能使我屈服吗?"他暗地里撕了一块绸缎,在上面写了几个字给他的儿子,说:"强盗们虽然不杀我,但在义气上来说,我是不能继续活下去的。你们如能出去,要帮我报仇雪耻。"他自己就吞毒药而死。

六十五 张焘修陵

張燾覆旨
直奏君王
復仇雪恥
萬世莫忘

【原评】张浚每奏对，必言仇耻。张焘修陵寝，还奏雪耻。均可谓明耻教战矣。而张焘之言，人尤称其直气吐而星斗寒也。乃秦桧汤思退之流，先后力主和议，粉饰太平，事仇惟恐不及。颜之厚也，蔑以加矣。

【原文】宋张焘，字子公。为兵部侍郎时①，奉诏遣诣河南修奉陵寝②，还奏曰："金人之祸，上及山陵。虽殄灭之③，未足以雪此耻、复此仇也。"因极言必不可恃和盟④，而忘复仇之大事。帝问诸陵寝何如。焘不对，惟言万世不可忘此贼。帝黯然⑤。秦桧患之，遂出知成都府。

【注释】①兵部侍郎：兵部副长官。②河南：指洛阳。③殄灭：消灭，灭绝。④恃：依赖。⑤黯然：沮丧的样子。

【译文】宋朝张焘，字子公。他任兵部侍郎的时候，奉皇上的命令到河南修治先帝陵墓。他回来对皇上说："金人的祸害，殃及先皇陵墓。虽然灭了他们，也不足以雪这个耻、报这个仇。"他又乘势说不可以因为和金人签了和约，就忘了报仇的事。皇上又问陵墓到底修治得如何。张焘不回答，只说万世之后也不可忘记金人的恶行。皇上听了，心里很沮丧。秦桧以张焘为祸患，就把他贬去做成都知府。

六十六 张浚手书

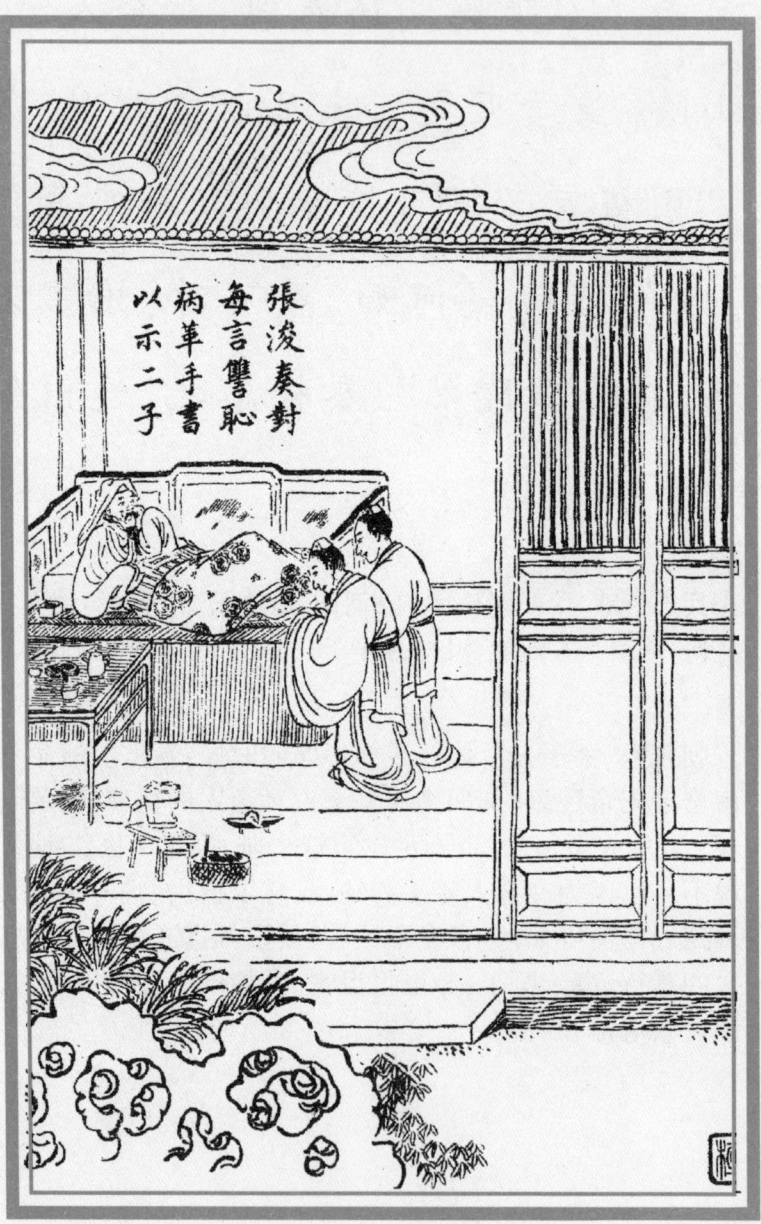

【原评】魏国公有补天浴日之功,其所引拔皆人望,一时号"小元祐"。若虞允文、汪应辰、王十朋等名臣,吴玠、吴璘、刘锜等名将,皆其所荐。孝宗且倚如长城焉。吾录其终身不主和议,以不恢复中原为耻者。

【原文】宋张浚,知枢密院①,迁右仆射②。每奏对,必言仇耻之大。反覆再三,志在恢复,终身不主和议。故先后为秦桧、汤思退所中伤。病革时③,手书示二子栻、构,其略曰:"吾为国相,不能恢复中原,雪祖宗之耻。即殂④,不当葬我先人墓左。葬我衡山⑤,足矣。"数日卒,赠太师,谥"忠献"。

【注释】①**枢密院**:朝廷掌管军政的部门。②**右仆射**:相当于宰相,辅助天子议政。③**革**:通"亟",危急。④**殂**:死。⑤**衡山**:这里指位于浙江省的衡山。

【译文】宋朝张浚,先是主持枢密院,后又升为右仆射。每次向皇帝奏对的时候,总是提到与金人仇耻之大。他反覆再三地说,志在要恢复中原,终身不主张与金人订和约。因此,他先后被秦桧、汤思退中伤。当他生病得非常厉害时,亲手写了封信给儿子张栻、张构,书中大意说:"我作为宰相,不能恢复中原,雪祖宗之耻,我死了后,不应把我葬在祖坟的旁边。把我葬在衡山就可以了。"过几天,他就死了。皇上追封他为太师,谥号"忠献"。

六十六 张浚手书

六十七　叶颙报赏

叶颙正简
耻曰羡餘
不增田亩
不益先廬

【原评】羞恶之心,人皆有之。惟至财色两大关头,每腼颜以丧其人格者,不可胜数。而财尤甚于色,此君子三戒。所以终于戒之在得也,况以重征横敛为羡余乎?况以羡余图侥倖乎?叶颙特抑之,可以风矣。

六十七 叶颙报赏

【原文】宋叶颙,绍兴初进士①,知常州②。或劝其献羡余③,当得美官。颙曰:"名为羡余,非重征,则横敛也。以利易赏,心实耻之。"后官至宰相,识大体④,抑侥倖⑤。服食僮妾,不改其旧。服官二十年,临终仅有地一亩,卒谥"正简"。林光朝以诗哭之云:"传家惟俭德,无地着楼台。"人以为实录。

【注释】①绍兴:宋高宗的年号。②常州:今江苏省常州市。③羡余:地方上赋税的盈余。④大体:有关大局的道理。⑤侥倖:意外获得成功或免除灾祸。

【译文】宋朝叶颙,是绍兴初年的进士,任常州知州。有人劝他把地方上赋税的盈余献上去讨好上司,以获得一个好官职。叶颙说道:"名义上说是盈余,但实际上不是重复征收,就是横征暴敛而得。用这些钱去换取奖赏,我心里觉得很可耻。"后来叶颙做到宰相,他为政识大体,不给人企求非分的机会。穿的、吃的、服侍他的僮仆婢妾,一切都和以前一样。做了二十年的官,死的时候,只有一亩地,谥号"正简"。当时林光朝作了一首诗去哭悼他,里面有两句是:"传家惟俭德,无地着楼台。"众人都认为这是叶颙的真实情况。

六十八　处厚取迂

處厚慷慨名重儒科
不迂爲愧守正無阿

【原评】 人惟仰不愧于天，俯不怍于人，则生亦逍遥自乐，死亦谈笑自安。世之易簧不乱者，有几人哉？而人反以处厚为迂也，不亦异哉？吾恐迂之者，反躬自问，其去迂之资格尚远，适足为处厚所愧耳。

【原文】宋滕处厚,少颖拔不凡。邃于《春秋》①,名动场屋②。议论慷慨③,好言天下事。后调柳州马平步尉④,再辟潭州甘泉酒库⑤,兼帅幕⑥。居官守正不阿,人称其迂。曰:"迂,吾所自取也,终不以此易彼。予愧予之不迂也。有谓予迂者,披襟当之。"其立论每如此,易箦不乱⑦,谈笑赋诗而终。

【注释】①邃:精通。②场屋:科举考试的地方。③议论:对人或事物所发表的批评性意见或言论。慷慨:情绪激昂。④马平:在今广西柳州市城中区。步尉:官名。⑤潭州:今湖南长沙市。甘泉:即江苏江都市。酒库:掌酒之官。⑥帅幕:帅府中治文书者。⑦易箦:指人病重将死。

【译文】宋朝滕处厚,小时候就聪明超拔,与平常人不同。他精通《春秋》,声名振动科举场。他表达观点时情绪激昂,喜欢谈论天下的大事。后来调到柳州马平任步尉,再调到潭州、甘泉任酒库,兼任元帅署里的幕府。他为官一味守正,不肯偏私。人家说他的做人太迂腐了。他说:"迂腐是我自己要这样的,而且没有打算改变它。如果我不迂腐,我还觉得羞愧呢。有人说我迂腐,我敞开胸襟接受这个名声。"他的言论始终就是这样。临死时,心里一点也不乱,谈笑着、吟着诗句死去。

六十九 元定衾影

元定八岁
已能咏吟
行不愧影
寝不愧衾

【原评】文节公衾影无惭,盖由幼时得牧堂老人之庭训。且以程氏语录、邵氏经世、张氏正蒙,谓为孔孟正脉,以授之耳。所著《洪范解》、《大衍详说》、《律吕新书》、《八阵图说》,朱子为之序,皆行于世。学者称"西山先生"。

【原文】宋蔡元定生而颖悟,八岁能诗,日记数千言。及长,登西山绝顶①,忍饥咬荠以读书②。闻朱熹名,往师之。熹叩其学③,大惊曰:"此吾老友也,不当在弟子之列。"韩侂胄设伪学之禁④,被谪道州⑤,贻书训其子渊、沉曰⑥:"独行不愧影,独寝不愧衾。勿以吾得罪懈其志。"卒,赐谥"文节"。

【注释】①西山:在福建省建阳县西北六十余里。②荠:荠菜。③叩:探问。④伪学:这里指朱熹的道学观点。⑤道州:在湖南永州市南。⑥贻:遗留。

【译文】宋朝蔡元定,天生聪明有悟性。八岁就能做诗,每天熟记几千个字。长大后,登上西山的最高处,忍着饥饿,吃着荠菜,就这样读书。后来听到朱熹的声名,就去拜他为师。朱熹探查他的学问,大惊道:"以的学问,当是我的老朋友了,不应当在弟子之列。"随后宰相韩侂胄定了伪学的禁令,蔡元定就被贬到去道州去。他写了一封信告诫他的儿子蔡渊、蔡沉,说:"一个人独自行路,对着自己的影子,应该没有一点惭愧;独自睡着的时候,对着床里的被铺,也应该没有一点儿惭愧。你们不要因为我获罪的缘故,而使志向懈怠。"他死后,谥号"文节"。

六十九 元定衾影

七十 陈亮避曾

陈亮言事
耻受荣褒
避见曾靓
踰垣而逃

【原评】 陈亮自幼颖异，才气超迈，议论风生，下笔数千言立就。志存经济，其上书斥王安石，言及西北两边，至使内臣经画而豪杰耻于为役等言。孝宗赫然震动，将擢用之。耻而不受，且渡江即归。矧曾觌乎。

【原文】宋陈亮诣阙上书①,极言时事。帝将官之。亮笑曰:"吾欲为社稷开数百年之基②,岂用以博一官乎?"曾觌闻,欲见焉。亮耻之,踰垣而逃③。尝曰:"研穷义理之精微,辨析古今之同异,则于诸儒诚有愧也。若推倒一世之智勇,拓开万古之心胸,自谓差有一日之长④。"卒,谥"文毅"。

【注释】①诣阙:指朝廷。②社稷:国家。③踰垣:翻墙。④差:稍微。

【译文】宋朝陈亮,到皇帝的殿里上上了一封书,书中尽说国家的时事。皇帝就想封他官。陈亮笑着说:"我的本意是想为国家建立数百年的基业,哪里是为了做一个官而来呢?"浙东总管曾觌听说这件事,就要去见他。陈亮觉得很羞耻,就跳墙逃了。他曾说:"把义理的精微奥妙研究尽,辨析古今的同与不同,在这两点上,我对着诸位读书人,的确有些惭愧。但说到不在乎一世的智勇名声,敞开万古的心胸,在这点上,我还是觉得自己略有长处。"陈亮死后,谥号为"文毅"。

七十一　虎臣辱贾

宋郑虎臣
为父雪耻
令唱舆歌
似道悒死

【原评】爱人者人恒爱之，敬人者人恒敬之。则辱人者，人有不辱之乎？敬其父则子悦，辱其父则子何如乎？以贾似道之权贵一时，而卒受舆父歌谣之辱。在虎臣固善于为父雪耻，而似道亦宜鲜克有终也。

【原文】宋郑虎臣为会稽县尉时①，奉遣监押贾似道之贬所。虎臣为其父尝为似道所辱，欣然而行。似道时居建宁开元寺②，侍妾尚数十人，虎臣悉屏去③。暴似道行烈日中④，令舆父唱杭州歌谑之⑤，每名叱似道⑥，窘辱备至。似道知不免，遂自服毒死。虎臣曰："好教汝恁自为之⑦。"

【注释】①会稽：在今浙江省绍兴市。②建宁：在福建省。③屏：放逐。④暴：晒。⑤舆父：轿夫。谑：嘲弄。⑥每：常常。叱：责骂，呵斥。⑦恁：如此，这么。

【译文】宋朝郑虎臣，任会稽县尉的时候，奉朝廷差遣，把贾似道监押到贬谪的地方。郑虎臣的父亲曾经被贾似道羞辱过，所以郑虎臣奉了命，就很开心地去执行了。这时，贾似道住在建宁的开元寺里，身边小老婆有几十个。郑虎臣到了那里，就把他的侍妾全部遣散。又让贾似道在烈日曝晒的道路中行走，让轿夫们唱着杭州歌谣取笑他，更时常斥骂他的名字，想方设法羞辱他的。贾似道落到如此田地，知道不可能不被羞辱，于是就服毒自杀了。郑虎臣说："好叫你也尝尝被羞辱的滋味。"

七十一 虎臣辱贾

七十二　如雷耻举

宋李如雷
贝溪逸士
元号不题
耻学举子
郝于樟绘

【原评】贝溪逸士之耻德，尚矣。富于诗文，不学举子业，一也；虽未委质，不忍事异姓，二也；直纪岁建，不题元年号，三也。以视贪缘求售、玷辱斯文、卖国求荣、屈身异族，恬然不知羞耻为何物者，霄壤自判矣。

【原文】宋李如雷每爱贝溪山水之奇①,结庐于其上,自号"贝溪逸士"。少与奎龙友善。时衡阳郡建石鼓书院②,欲得士,有司以如雷奎龙往③。宋祚移④,遂隐居力学。平生所为诗文甚富,独耻学举子业⑤。尝曰:"予亦宋之遗老也,虽未委质⑥,而忍事异姓乎?"凡所作,直纪岁,不题元号。

【注释】①贝溪:在湖南省临武县南十余里。②衡阳郡:今湖南衡阳市。③有司:指主管某部门的官吏。④祚:国统。宋祚移,指宋朝灭亡。⑤举子业:应科举试的文章。⑥委质:向君主献礼,表示献身。

【译文】宋朝李如雷,他喜欢贝溪地方山水的清奇,就在那里建了一所草房子,自号为"贝溪逸士"。他小时候和奎龙很要好。当时,衡阳府建石鼓书院,访求读书人,官府举荐了李如雷和奎龙二人过去。后来宋朝灭亡了,李如雷就隐居起来,致力于读书。他平生所作诗文有很多,但以考科举为耻辱。他曾说:"我是宋朝遗老,虽在当时没有侍君,难道现在就忍心去为另外一个朝廷的君主做事吗?"他所作的诗文,只以甲子纪年,从来不题元朝的年号。

七十三　御妻求去

齐相御妻
御夫拥彗
意气扬扬
盖其羞
骄泰

【原评】吕坤谓：齐相御妻，仆人之妇也。其善观晏子，有士君子所不及者。彼奴颜婢膝，得之昏夜，而白昼通衢，志骄意满。是人也，何足辱人齿颊，独恨其妻不得见。即见之，亦未必羞。何者？彼固无所观而感也。

【原文】 周齐晏平仲之御者①,为晏子拥盖而出②。其妻从门间窥之,见夫扬扬自得。既而夫归,妻请去。夫问其故,妻曰:"晏子长不满六尺,身相齐国,名显诸侯。妾观其出,常若以自下者。今子长八尺,乃为人仆御,然气扬意得。宜乎卑且贱矣。妾是以求去。"其夫遂学谦退。晏子怪问其故。御以实告。晏子嘉其能自新,乃荐为大夫。

【注释】 ①御者:驾车人。②拥盖:抱着车盖。

【译文】 周朝齐国的宰相晏平仲,他雇了一个驾车的人。有一天,驾车人替晏子抱着车盖走出来。驾车人的妻子从门缝看过去,见丈夫正洋洋得意。后来驾车人回家,他的妻子就提出要离他而去。驾车人问妻子为何要这样做,他妻子说:"晏子身高不到六尺,但是齐国的宰相,在诸侯中名誉显赫。我看他走出来的时候,他态度谦和,好像自己还不及别人的样子。你身高八尺,是给人驾车的,但你走出来的时候竟然洋洋得意。就因为你的态度不对,所以你只能做卑贱的人。所以我要离开你。"从此以后,驾车人就学着谦卑退让了。晏子问他为什么态度改变了?驾车人就把妻子说的话告诉了他。晏子嘉许他能改过自新,就推荐他做了大夫。

七十四　乐妻婉谏

樂羊子妻激恥指迷夫還所拾姑棄其難

【原评】 许止净谓：乐羊妻阻其姑与夫之恶，何其谏之出于几而不犯也。卒使夫得成名，姑知悔过。故有良妻胜于良友，有佳妇过于佳儿。治国家者，女教必不可忽。而论婚姻者，妇德极为重要也。

【原文】汉乐羊子妻,史佚其姓氏①,有志操。羊子尝于路拾遗金,归以与其妻,妻曰:"妾闻之,志士不饮盗泉之水,廉者不受嗟来之食②。奈何拾遗以自污也?"羊子愧其言,弃所拾金于野而还。一日,有他舍鸡,误入园中,其姑盗杀而食之③。妻对鸡不餐而泣,姑怪而问之。妻曰:"自伤居贫,不能供具④,致姑食有他肉。"姑惭,弃其鸡。

【注释】①佚:散失。②嗟来之食:悯其穷饿,呼使来食也。③姑:丈夫的母亲。④具:完备,齐全。

【译文】汉朝乐羊子的妻子,她的姓名已无从稽考,为人有操守。有一次,乐羊子在路上拾到了银两,就拿回家给妻子。他的妻子说:"据说,有志气的人不饮盗泉的水,廉洁的人不吃别人呼唤施舍的食物。你怎么能够拾起别人丢失的东西来污辱自己呢?"乐羊子听完,觉得很惭愧,就把拾来的银子丢到田野去才回来。有一天,邻居的鸡误走到他家的园子里,她的婆婆就把鸡杀了吃。乐羊子的妻子不肯吃鸡,一直流泪。她的婆婆觉得很奇怪,问她是怎么了。她说:"我觉得悲伤的是自己家里贫穷,不能为家人提供足够的食物,以致婆婆要偷吃别人的食物。"她的婆婆听了很是惭愧,就把鸡丢掉。

七十四 乐妻婉谏

七十五　叙母勉子

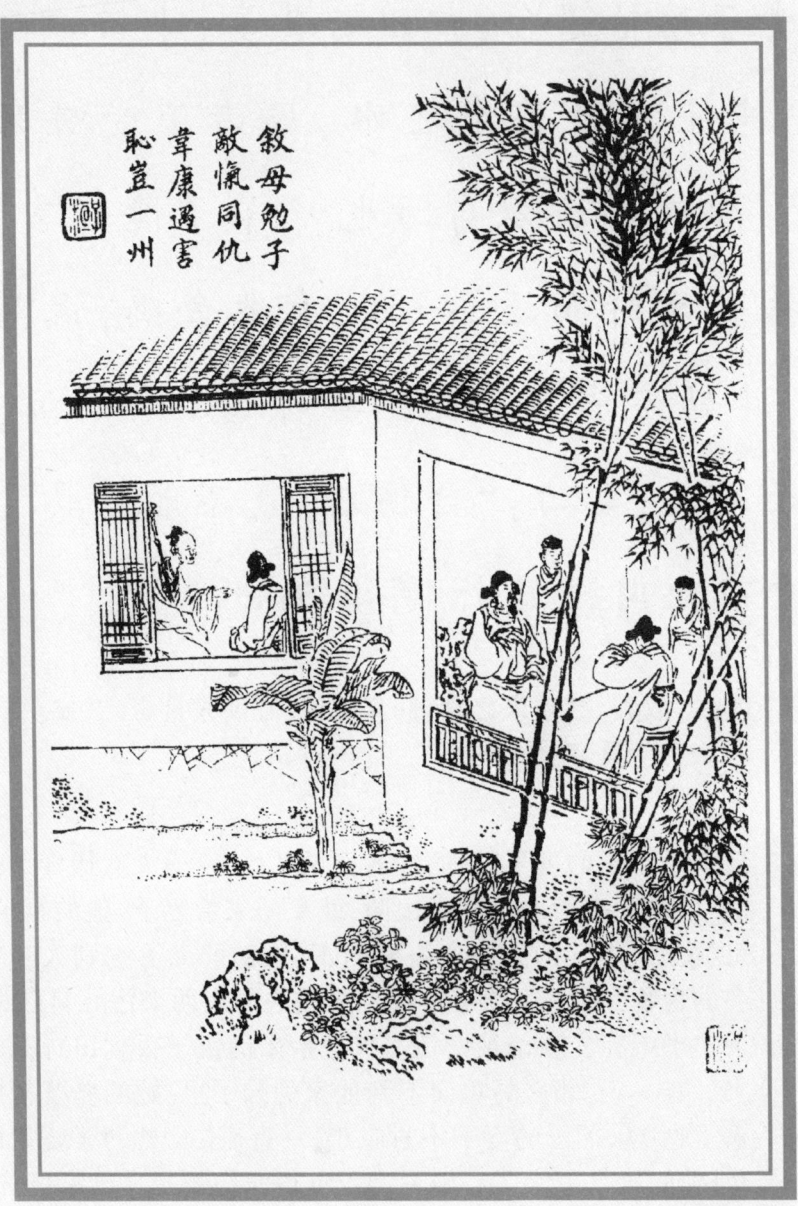

叙母勉子
敌忾同仇
韦康遇害
耻岂一州

【原评】戕官失地，一州之耻，人皆知之。杨阜与叙谋，即欲以雪此耻也。而姜叙母乃以一州之耻责诸子，俾其为忠义之大者。且不惜余年以为子累，竟严声厉色，痛骂马超之不知耻。虽巾帼而有须眉气焉。

【原文】 汉姜叙母,冀人①。叙统军历城②,马超杀韦康。叙姑子杨阜与叙谋报仇,母谓叙曰:"韦使君遇害,岂一州之耻,实汝之负。汝无顾我,死国,义也。"叙遂与阜击超。超闻叙等兵至,间道袭据历城③。叙母为超所得,令作书招叙。母骂曰:"汝背父之逆子,弑君之桀贼④,乃犹腼然以面目见人⑤。"超怒杀之。事闻,魏公曹操嘉叹,手令褒扬。

【注释】 ①冀:即河北省。②历城:在今山东省济南市。③间道:抄小路。④桀:凶悍,横暴。⑤腼然:害羞的样子。

【译文】 汉末姜叙的母亲,冀州人。姜叙在历城统领军队,这时,马超杀死了冀州刺史韦康。姜叙的表兄弟杨阜和他谋划着,要为韦康报仇。姜叙的母亲对儿子说:"韦刺史被人杀死,并不只是一个地方的耻辱,其实是你负了他啊。你不要以我为牵绊,为国家死才是有节义的行为。"姜叙就与杨阜一起去攻打马超。马超知道姜叙的军队要到,就抄了小路,攻占了历城。姜叙的母亲被马超捉住了,马超叫她写信给儿子,要他投降。姜叙的母亲骂他说:"你是一个背叛父亲的忤逆子,又是一个弑君的暴臣,你竟然还有面目去见人。"马超很生气,把她杀了。这件事后来传开去了,魏国的丞相曹操非常称赞姜母,亲手写褒奖令。

七十六　王异激昂

王异激夫
义不畏死
割爱无私
勤雪大耻

【原评】赵王氏最重耻,当梁双破西城,杀其二子。异恐为所侵,欲自裁,以女英故,被粪麻得免。事平,昂迎之,将至,谓英曰:"向之不死,为汝耳。吾遭乱不死,何以面诸姑乎?"遂饮药。吏救而苏。附录之以明其知耻。

七十六 王异激昂

【原文】汉赵昂妻王异,躬着布韝①,与昂守冀。马超攻冀急,刺史韦康暗与超和。超背约杀康而劫昂,质其子月以为信②。昂与杨阜等合谋讨超,归谓异曰:"谋如是,如月何?"异厉声曰:"雪君父大耻,丧元不足为重③,况一子乎?"昂遂闭门拒超。超杀其子,奔汉中,得张鲁兵,还攻冀。异复与昂等谋保祁山④。超围之三十日。救兵至,乃解。

【注释】①韝:臂套。用皮制成。射箭、架鹰时缚于两臂束住衣袖以便动作。②质:留人质担保。③元:头。④祁山:在甘肃省。

【译文】汉朝末年,赵昂的妻子王异,她穿着战服,和丈夫一起守着冀州城。这时,马超猛攻冀州城,冀州刺史韦康暗地里与马超讲和。但马超后来没有遵守和约,把韦康杀死了,并且想劫持赵昂,就把赵昂的儿子赵月带走做人质。赵昂和杨阜等策划去讨伐马超。赵昂回家,跟妻子说:"我们的计划已经订好了,不过如果实施,我们的儿子就保不住了,怎么办?"王异大声说:"替君父报仇雪耻,就算杀头也在所不惜,何况是一个儿子?"赵昂就关了城门,拒绝马超的招降。马超就把赵月杀了,逃到汉中,借了张鲁的兵,再来攻打冀州。王异和赵昂商量去把守祁山,马超又把他们围住。过了三十天,救兵到了,赵昂他们才得以解围。

七十七　许阮愧允

阮氏貌陋
有識有辭
重色輕德
許允愧之

【原评】女子贵德不贵色，此无盐女所以见重于宣王，齐国且因之大安矣。然好色不好德者，比比皆是。闻阮氏言，能无惭乎？如不以为惭也，且不及一许允矣。而女之德，不及阮氏。惟色是冶者，尤可愧也。

【原文】魏许允妻阮氏，贤明而丑①。允始见愕然②，交礼毕③，无复入意。阮氏遣婢觇之④，云有客在。阮氏曰："是必桓范。将劝使入也。"已而允果入，须臾便起⑤。阮氏留之。允曰："妇有四德⑥，卿有其几？"阮氏曰："新妇所乏惟容耳。士有百行，君有其几？"允曰："皆备。"阮氏曰："百行以德为首，君好色不好德，何谓皆备？"允大惭，乃复留。久之，遂相亲重。

【注释】①丑：容貌丑陋。②愕然：惊讶的样子。③交礼：成婚之礼。④觇：窥视。⑤须臾：一会儿。⑥四德：指妇德、妇言、妇容、妇工。

【译文】三国时期，魏国许允的妻子阮氏，贤良开明，但相貌丑陋。许允在婚礼上初见阮氏，因为她的容貌吃了一惊。婚礼仪式完了后，他就不肯进房了。阮氏差了丫环去偷看，丫环回来说有客人在。阮氏说："这个一定是桓范，要把丈夫劝进房来。"过了一会儿，许允果然进房来了，停留一会，又想走了。阮氏把他留住，许允问她："妇人应有'四德'，你有哪几种呢？"阮氏说："我缺的就是妇容吧。但读书人应当有百行，你又有几种呢？"许允说："我都有。"阮氏说："百行里面以道德为第一。现在你以色为第一，忽略道德，怎么可以说你具备百行呢？"许允一听，非常惭愧，于是就留下了。久而久之，他们两夫妻就相亲相爱相敬重了。

七十七 许阮愧允

七十八　彭娥石鸡

彭娥拒辱　大呼山　触石壁裂　既入　不还

【原评】彭娥知耻辱之所在,不惜以首触山石者再。呜呼！诚苦矣哉！余更惜夫眈眈逐逐者流,既杀其亲,又缚其身,将施以污辱。而未遂,反至己为石壁磔死无遗。噫！至诚所感,金石为开。吾于彭娥见之矣。

七十八 彭娥石鸡

【原文】晋彭氏女娥,宜阳人①。遭世乱,父母为贼所害。娥负器出汲②,闻贼至,还与斗。贼缚娥,驱出溪,将污之。溪边有石壁,高数十丈,娥以首触壁,大呼曰:"皇天有神否?我岂肯受辱于贼奴耶?"壁忽开数丈,娥趋入。贼蹑之③,壁复合,皆磔死④。娥遗器,化为石,形似鸡,后人因号曰"石鸡山"、"女娥潭"。后有樵者,尝见娥在山洞间云。

【注释】①宜阳:在今河南省洛阳市西部。②汲:打水。③蹑:攀上。④磔:截断,分裂。

【译文】晋朝有女子彭娥,宜阳人。适逢乱世,她的父母都被贼寇杀死了。彭娥拿着器具去汲水,她听到贼寇来了,就回家和他们搏斗。贼寇绑走了她,去到一条溪流时,贼寇们想要强奸她。溪旁边有座几十丈高的石壁,彭娥用头碰向石壁,大声喊道:"天上有神明吗?我怎么肯被贼寇污辱?"她说完,石壁忽然裂开几丈阔,彭娥就跑入了石壁的缝隙里。贼寇也追着她攀上石壁,这时石壁闭合了,把贼寇夹死了。彭娥当时遗留下来的汲水器具变成了石头,形状好像鸡一样。后人把那座山叫做石鸡山,那条溪叫做女娥潭,用以纪念她。后来有个樵夫曾经见到彭娥在山洞里面,传说她成了神仙。

七十九　寡淑无惭

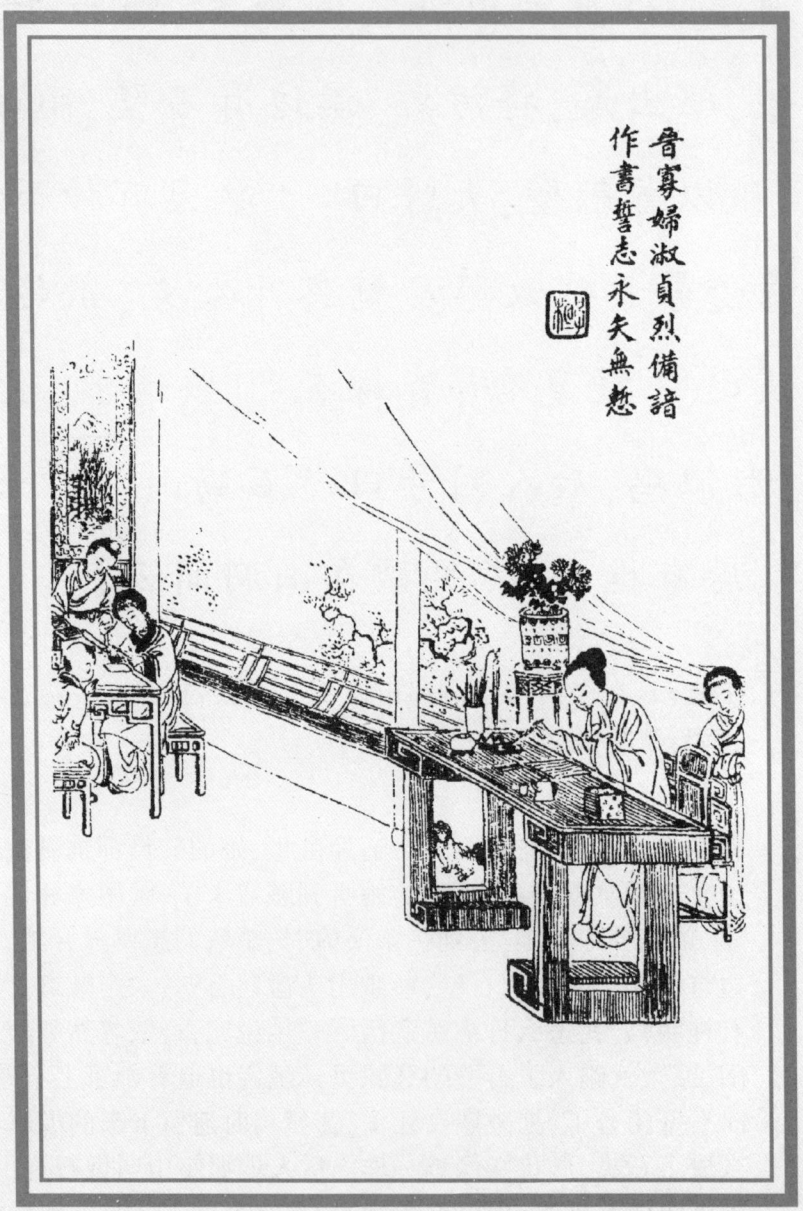

晉寡婦淑貞烈備諳
作書誓志永矢無慙

【原评】寡妇淑之书,何其哀哉!盖女子自于归后,所赖者夫与子而已。不幸而夫亡,子弱女幼,正宜如淑书中所言,以抚孤为莫大之天职。不然,非特子女谁为教养?门户谁为支持?而不恒之羞,终身莫赎矣。

【原文】晋寡妇淑守志。兄弟谋更嫁之，淑誓不许，为书绝之，其略曰："烈士有不移之志，贞女无回二之行。淑虽妇人，窃慕杀身成义，死而后已。夙遭祸罚①，丧其所天②，男未冠③，女未笄④，是以僶俛求生⑤。将欲长育二子，上奉祖宗之嗣，下继禴尝之礼⑥。然后觐于黄泉⑦，永无惭色。兄弟不能匡我以道，博我以文。虽曰既学，吾谓之未。"

【注释】①夙：早年。遭：遭遇。②天：指丈夫。③冠：古代男子到成年则举行加冠礼，叫做冠。一般在二十岁。④笄：指女子十五岁成年。⑤僶俛：努力，奋力。⑥禴：春祭或秋祭。尝：泛指祭祀。⑦觐：见。

【译文】晋朝有个叫淑的寡妇，一直守着贞节不改嫁。她兄弟却商量着要她改嫁。淑誓不愿意，写了一封书信，以绝她的兄弟的念头。信里大概说："烈士有不能改变的志向，贞节的女人就不会改嫁。我虽然是个妇人，但我私下很羡慕杀身成义、死而后已的义举。我遭遇祸端，丧失了丈夫，儿女还未成年。我必须要顽强活着，把儿女养育成人。而且对上侍奉宗室，对下延续祭祀。这样我死后下黄泉去见丈夫，就不用惭愧了。现在哥哥弟弟既不能以正道匡扶我，又不能用先王的遗文来使我博学。虽然你们是读过书的人，但我觉得你们从没有读懂书。"

七十九 寡淑无惭

八十 元妃受楚

段氏元妃
被誣捱桔
恐辱祖宗
甘受楚毒

【原评】物必先腐也,而后虫生之。慕容儁先自不平于弟,故中常侍涅浩,诏上希旨,诬段氏以陷吴王。幸元妃志气确然,恐贻耻辱于祖宗,甘受箠楚,不为诬服,垂始得不中毒计。追谥之曰"成昭",宜矣。

【原文】晋前燕主慕容儁，恶其弟吴王垂。中常侍诬垂妻段元妃与高弼为巫蛊事①，欲以连污垂。儁收段氏，拷掠甚急，终无挠辞②。垂愍之③，私使人谓曰："人生会当一死，何堪楚毒如此，不若引服④。"段曰："妾岂爱死者耶？恐自诬恶，上辱祖宗，下累于王耳。"辩答益明，垂因得免，段竟死狱中。后垂自立为后燕主，追册为后，谥曰"成昭"。

【注释】①**中常侍**：西汉时皇帝近臣，给事左右，职掌顾问应对。**巫蛊**：古代称巫师使用邪术加害于人为巫蛊。②**挠**：屈服。③**愍**：怜悯。④**引服**：认罪。

【译文】晋朝十六国时，前燕国主慕容儁，很厌恶弟弟吴王慕容垂。这时，中常侍诬蔑说慕容垂的妻子段元妃与高弼合谋用法术去诅咒人，他想以这个罪状来牵连慕容垂。慕容儁捉走了段元妃，用刑具拷问她，但她始终没有屈招。慕容垂怜悯妻子，偷偷差人去对妻子说："一个人活在世上，难免一死，你遭逢如此毒手，不如招认算了。"段元妃说："我哪里是怕死的人？我是怕自己招供了，对上侮辱了祖宗，对下要连累夫君呢。"面对审问，段元妃的辩答更加严明不屈，因此慕容垂得免牵连，但段元妃就死在监牢里。后来慕容垂做了后燕国的君主，追封段元妃为皇后，谥号"成昭"。

八十一　房崔愧心

崔氏佐子教化垂箴
不在革面須愧其心

【原评】许止净谓：崔氏佐子出治，不尚齐之以刑，而贵道之以德。其教民也，不在革面而在洗心。呜呼！在上者如此亲民，唐虞三代之盛，又何以加焉？而其致治之由，乃出于母教。妇女之责任，不其重欤？

【原文】北魏房爱亲妻崔氏，清河人①，亲授子景伯、景光九经②。景伯为清河守，贝丘民妇列子不孝③，吏欲案之④。崔氏使景伯呼其母入府，与己同居共食，置子于景伯左右。每景伯温凊⑤，其子侍立堂下。未及旬日⑥，悔过求还。崔氏曰："此特颜惭，尚未心愧。且置之。"后二十余日，其子叩头流血，其母亦涕泣求还，乃始听之。终以孝闻。

【注释】①清河：在今河北省邢台市。②九经：指《易经》、《尚书》、《诗经》、《礼记》、《春秋》、《孝经》、《论语》、《孟子》、《周礼》。③贝丘：在山东省清平县西南。④案：治罪。⑤温凊：冬温夏凊的省称。冬天温被使暖，夏天扇席使凉。侍奉父母之礼。⑥旬：十天。

【译文】北魏国房爱亲的妻子崔氏，清河人。她亲自教两个儿子房景伯、房景光读九经。后来房景伯任清河太守。这时，贝邱的一个妇人到官府诉说她儿子的不孝行为，官吏要把妇人的儿子治罪。崔氏知道了，就叫房景伯把那个妇人接入府中，和自己一起吃住。又叫那个妇人的儿子跟随着房景伯。每逢房景伯去慰问崔氏起居的时候，妇人的儿子就在堂下看着。这样不到十天，妇人的儿子说知道悔改了，要求接母亲回去。崔氏说："这时他只是面上惭愧，心里尚未觉得惭愧。暂时不要管他。"又过了二十多天，妇人的儿子把头叩得流血，他的母亲也哭泣着要求回去，崔氏这才让他们母子回去。后来那个妇人的儿子以孝出名。

八十一　房崔愧心

八十二 卢姨答狄

卢姨一子，守义甘
自事主，不仁女
大憨杰

[原评] 吕坤谓：卢氏之贤明，不可及矣。止有一子，守义自甘，不以贫贱托当路之甥，已为世情所难。而"不欲令其事女主"一语，尤烈丈夫所难。世之轻于请托者，可以愧矣。

【原文】唐狄仁杰为相。有卢氏堂姨，居于午桥南别墅①。姨止一子，未尝入都城。仁杰每伏腊晦朔②，修馈甚谨。常休暇③，因候卢姨安否。适见表弟挟弓矢，携雉兔而归，进膳于其母，顾揖仁杰，意甚轻简。仁杰因启于姨曰："某今为相，表弟何乐，愿悉力从其旨。"姨曰："相自为贵尔。姨止有一子，不欲令其事女主。"仁杰大惭而退。

【注释】①午桥：在今河南省洛阳。②伏腊：夏天的伏日，冬天的腊日。晦朔：农历每月最后一日和每月初一。③休暇：休假。唐法官吏十日一休假。

【译文】唐朝狄仁杰，任宰相。他有一个堂姨母卢氏，住在午桥南别墅。姨母只有一个儿子，从未去过京城。狄仁杰每月逢初一、十五，以及夏天的伏日和冬天的腊日，都会恭敬地把礼物送给他的姨母。在休息的时候，狄仁杰时常都会到姨母处问安。有一次，狄仁杰碰到他的表弟打猎回来。表弟一手拿着弓箭，一手拿着鸡和兔，都是用来进奉母亲的。他回头向狄仁杰作了个揖，态度甚为轻忽简慢。狄仁杰对姨母："现在我做了宰相，表弟有什么心愿，我都可以为他做到。"姨母说："做到宰相，只是你自己觉得尊贵而已。你姨母我只有一个儿子，我不想让他去侍奉女皇帝。"狄仁杰听完，惭愧地退下了。

八十三　湛妻激贲

贲妻一语
激耻攻书
湛郎及第
彭伉落驢

【原评】人惟自励，则有志竟成。亦惟受窘，则有志者必自励。向使湛贲列坐于满堂名士之间，已当有愧矣，况饭于后阁乎？湛贲不自愧而其妻愧之，卒感妻言以自励，竟雪其耻。妇言之不可以已也如是夫。

【原文】唐湛贲妻,进士彭伉之姨也①。伉既登第②,贲为郡吏。妻族贺伉,满座皆一时名士。伉居客右③,一坐尽倾④。而贲饭于后阁,其妻责之曰:"男子不能自励,以致窘辱至此⑤,亦复何颜?"贲感其言,乃力学,一举而擢第⑥。时伉方郊游,闻之,失声坠驴。时人语曰:"湛郎及第,彭伉落驴。"君子谓湛贲之妻,能激夫以成名。

【注释】①姨:妻子的姐妹。②登第:登科。第,指科举考试录取列榜的甲乙次第。③右:指主位、尊位。④倾:钦慕。⑤窘:穷迫。⑥擢第:科举考试及第。

【译文】唐朝湛贲的妻子,就是进士彭伉妻子的姊妹。彭伉中进士时,湛贲正在县衙里任一名小官。彭伉妻子那边的亲戚,都来向彭伉道贺,座上大都是有名气的人。彭伉坐在主位,客人们都很钦敬他。可是湛贲这时却只能在后阁吃饭。湛贲的妻子见到这样,责备丈夫说:"作为男子汉不能自我勉励,以致穷迫屈辱成这样,还有什么面子呢?"湛贲听完非常感慨,于是努力用功,终于一举及第。这时彭伉正在野外游玩,得知这个消息,"啊"的一声,就从驴背上摔了下来。那时的人流行着这句话:"湛郎及第,彭伉落驴。"君子都称赞湛贲的妻子能够激励丈夫,使他功成名就。

八十四 赵女惜颜

贝州赵女不肯靦颜
家人逼嫁自缢舆閒

【原评】赵女以一身系父母之安危，且以全族人之性命，不行固不可矣。行则腼颜事叛，惟于耻德有亏耳。第女子在家，从父为主。既为父母之命，似亦可以不死。虽然，千古贞女烈妇，只争此堂堂气节耳。

【原文】宋赵氏女,贝州人①。王则反,闻女有殊色②,致帛万端,金千斤,聘为妻,约曰:"女若不行,且灭赵族。"父母不敢违,女不可,曰:"吾虽女子,戴天子天,履天子地,十九年矣。纵不能执兵讨叛,奈何腼颜事之③?"涕泣不食。父母与族人苦守之,衣以则所遗后服。女曰:"贼妇之衣,何云后也?"家人掩其口,强逼登舆。女遂于舆中自缢。

【注释】①贝州:在河北省邢台市清河县。②殊色:绝色,指女子特别美丽的姿色。③腼颜:脸色羞愧。

【译文】宋朝一位赵姓女子,贝州人。王则造反后,知道赵女有美貌,就送了万匹绸缎、黄金一千斤去她家,作为聘礼,要娶她为妻,对她的家人说:"如果你的女儿不嫁,就把赵氏灭族。"赵女的父母不敢违抗命令,但赵女不答应,她说:"我虽然是个女子,但在宋朝天子的管辖下活着已经十九年了。就算我不能拿起武器去讨伐叛兵,又怎么能够羞愧地侍奉叛徒呢?"于是,她哭着不肯吃饭。她的父母和族人苦苦地看守着她,要她穿上王则送来的皇后衣服。赵女说:"这是贼婆的衣服,怎么可以说是皇后的呢?"家人马上掩住她的嘴巴,并强迫她上了迎亲的车子。赵女就在车中吊死了。

八十五　张徐骂军

徐氏拒军怒骂　清军凛凛大义卓烈超群

【原评】耻德,妇女之最重者也。能守身不辱者,女子每优于男子。而能于颠沛乱离之际,挺身骂贼,责以大义,激其羞惭,且以"速杀我"为语,其浩然之气,上观千古,能此者殊不数数觏焉?

【原文】宋张彀妻徐氏,和州徐闳中女也①。建炎三年②,金人犯维扬③。官军望风奔溃④,大肆劫掠,执徐氏欲污之,徐氏瞋目大骂曰⑤:"朝廷蓄汝辈以备缓急。今敌犯行在⑥,既不能赴难⑦,反乘间为盗。我恨一女子,不能引剑断汝头,以申国法,以快众愤。肯下心低首⑧,受汝辈辱耶?第速杀我可耳。"兵惭恚⑨,以刃刺杀之,投江中而去。

【注释】①和州:即今安徽省和县。②建炎:宋高宗年号。③维扬:即扬州。④奔溃:逃散。⑤瞋目:瞪大眼睛。⑥行在:皇帝所在处。⑦赴难:往救危难。⑧下心低首:受辱的样子。⑨恚:恨,怒。

【译文】宋朝张彀的妻子徐氏,是和州徐闳中的女儿。建炎三年,金人攻打扬州。官兵无能对敌,逃走之余还在地方上抢掠百姓。他们把徐氏捉住,要强奸她。徐氏怒视他们,大骂道:"朝廷里养你们,就是为了在国家危难时能够任用你们。现在敌人侵犯皇帝巡幸之处,你们不仅不能同赴国难,反而乘机抢劫百姓,乘此做了强盗去抢劫人家。可惜我是一个女子,不能够拿剑砍下你们的头,以正国法,大快民心。哪里还肯低头受你们污辱?你们快把我杀了吧。"兵士听了,又羞又恨,就用刀刺死了她,把尸体抛入江中。

八十六　张计何愧

张母计氏
送子长途
忠直得祸
有何愧乎

【原评】张太师君悦之妻,可谓善于教子矣。当浚幼时,能言,即令诵父所为文;能记,即告以父言行,无顷刻令去左右。故浚虽幼,视必端,行必直,坐不敧,言不诳,教使然也。至以"何愧"二字送行,嘉言不朽矣。

【原文】宋张浚母计氏,子幼时,即教以父之言行。后浚以秦桧误国日甚,欲力争以悟君心,念母年高,言之必致祸。忧之,体为之瘠①,母怪问,以实对。母不应,惟诵其父绍圣初对方正策之辞②,曰:"臣宁言而死于斧钺,不忍不言以负陛下。"浚意遂决,书上,窜谪③。母送之曰:"行矣,汝以忠直得祸,何愧?惟勉读圣人书,无以家为念。"

【注释】①瘠:瘦弱。②方正策:考科举试中的策问。③窜谪:因罪而贬官放逐。

【译文】宋朝张浚的母亲计氏,在张浚幼小的时候,就以他父亲言行来教导他。后来张浚在朝廷做官时,秦桧贻误国家的恶行越来越厉害,张浚就想竭力劝谏君主,使宋徽宗醒悟。但又想到母亲年迈,假如进谏皇上得罪,怎么对得住母亲呢。犹豫不决,忧心忡忡,于是人也瘦了。计氏觉得奇怪,就问儿子怎么了,张浚把实情告知母亲。计氏听了没有答话,只是诵读了张浚之父在绍圣初年科举考试时作的方正策里面的话:"我宁愿把谏言说了受死,也不忍心不说忠言以辜负皇上。"于是张浚就拿定主意,上书皇上,谁知因此获罪,遭贬官放逐。计氏送行时对张浚说:"安心去吧。你因忠直得祸,有什么可惭愧的?今后努力读圣贤书,不用记挂家里。"

八十七　李张题壁

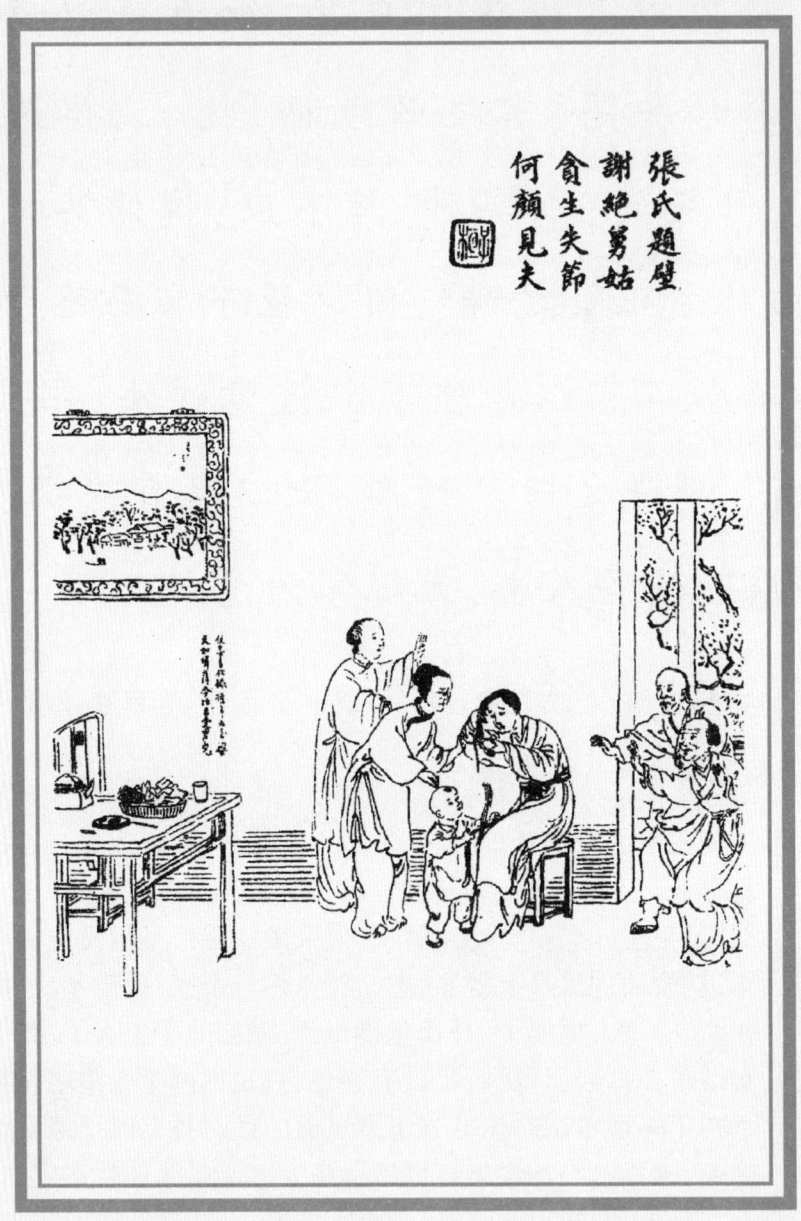

張氏題壁
謝絕舅姑
貪生失節
何顏見夫

【原评】妇人之道，惟时时存何颜见夫之心，则为女不致钻窥，为妇不致暧昧，而为寡母不至鲜终。李张氏以青松白玉为操持，宜朝廷之锡以匾，植以坊，官其子，赠其夫，而封以"陇西夫人"，令名千古矣。

【原文】元李茂德妻张氏，年十七，归茂德。生子庸，甫六岁，茂德卒。舅姑怜其少也，令改适①，张不可，又令左右讽之②。张曰："妇人之道，从一而终，理无再醮③。死即可死，适人不可。贪生失节，何颜见我夫于地下也？"遂题诗壁上曰："挺志清松操，持身白玉姿。天如怜薄命，此去变男儿。"书罢，求自尽。家人防之密。乃截其发，以示不他。

【注释】①改适：改嫁。②讽：委婉地劝说。③醮：指女子嫁人。

【译文】元朝李茂德的妻子张氏，十七岁就嫁给李茂德了。当儿子李庸六岁的时候，李茂德就死了。张氏的公公婆婆，可怜张氏年纪轻轻就守寡，就叫她改嫁。张氏不肯，公婆又叫别人劝她。张氏说："我作为妇人，只知道要从一而终，没有再嫁的道理。要我死，我可以死。但要我改嫁，这是不可以的。假如为了偷生而苟活，那死后还有什么面目去见我的丈夫呢？"于是她在墙壁上题了一首诗，诗的意思是说："我立志如古松那样坚固，我守身如白玉那样清洁。老天如果怜悯我薄命，就让我下辈子做个男人吧。"写完诗就要自杀。家人阻止并严密防范她再次自杀。张氏就干脆把头发剪掉，以示她不会改嫁的决心。

八十八　李哥羞业

李哥娼女不辱其身
怀刀骂令狗彘牧民

【原评】 李哥之避耻,难于他人。生身之母,歌舞青楼,十数年来目濡耳染,其能免哉,乃有确乎不拔之志,浩然不馁之气。则莲自污泥而出,益见其清;芝不择地而生,无碍其瑞。善自为之耳,于他人何有焉?

【原文】元霸州女李哥①,其母娼也②。年十二三时,母教之歌舞。哥泣曰:"女率有匹③,我独为此乎?"母告以业不可废。乃与母约,不粉泽④,不茹荤⑤,所歌多仙曲道情⑥。孟津县令厚赂其母⑦,夜抵舍,欲私之。哥怀刃卧内,骂曰:"汝职在牧民,而狗彘不若⑧。不急去,吾先杀汝,而后自杀。"令惊走。知州闻其贤⑨,聘为次媳。后与其夫拒寇而死。

【注释】①霸州:在今河北省霸县。②娼:妓女。③匹:匹配,有配偶。④粉泽:粉黛脂泽,均为化妆用品。引申为装饰。⑤茹荤:吃肉食。⑥仙曲道情:指导人向善的俚曲。⑦孟津:在今河南省洛阳市下辖县。⑧彘:猪。⑨知州:一州之长官。

【译文】元朝霸州女子李哥,她的母亲是妓女。李哥十二三岁时,她母亲就叫她学习唱歌跳舞。李哥哭着对母亲说:"凡是女子,都可有婚配,为什么我就要做妓女呢?"她的母亲就告诉她这是她们用以谋生的职业,不能荒废。李哥无奈,就和母亲约定,从今不化妆、不吃肉,唱的歌都是劝人向善的曲子。有一次,孟津县令用厚金贿赂李母。他晚上去到李家,要李哥陪他过夜。李哥怀藏小刀,在房间里叱骂县官道:"作为地方官,你的职责在于教治百姓,但你的行为竟然猪狗不如。你要是不赶紧离开,我就先杀了你,再自杀。"县令听了,惊慌逃走。知州知道李哥的贤德,就为二儿子娶了她。后来李哥和丈夫一起因抗拒强盗而死。

八十九　脱怀闭门

脱脱怀氏
夫君败归
羞其不死
竟闭双扉

[原评] 脱脱怀氏，一耻其夫之不死，而闭门绝之；二耻其子女将为亡国奴，而酖酒杀之；三耻己身死后之辱于贼手，而遗嘱举火焚之。嗟乎！一胡妇耳，而其知耻若此，则凡神明华胄，更可以深长思矣。

【原文】 元达尔玛妻脱脱怀氏,有志操,明大义。达尔玛仕元为副枢①。元亡,梁王巴咱尔干尔密保云南,为恢复计。洪武十四年②,傅友德等攻云南。达尔玛时守曲靖③,战败驰归。脱脱怀氏闭门不纳,遥语之曰:"君受国厚恩,兵败不死,何面目复立地上?"乃鸩其二男一女④。谓其下曰:"我死,尔速举火焚屋,毋令我辱贼手。"遂饮鸩死。

【注释】 ①副枢:枢密副使。②洪武:明太祖年号。③曲靖:今云南省曲靖市。④鸩:传说中的一种毒鸟。以羽浸酒,饮之立死。

【译文】 元朝枢密副使达尔玛的妻子脱脱怀氏,为人有操守,深明大义。元朝亡后,梁王巴咱尔干尔暗地里保护着云南,筹备着复元大计。明洪武十四年,明朝将军傅友德等去攻打云南,这时达尔玛正守着曲靖城,打了败仗后逃回家里。脱脱怀氏把家里大门关上,不让丈夫进屋,隔着门对他说:"你受了国家厚恩,现在打败仗了还不肯死,还有什么面目留在世上呢?"于是就向他们的两个儿子、一个女儿喂鸩毒酒,把他们毒死了。又对下人说:"我死了以后,你们就放火把屋烧了,不要让我的身子在敌贼手上受辱。"然后就饮鸩酒毒死了。

九十 陶门四节

陶門四節
朝野稱奇
詔旌三代
不愧母儀

【原评】陶门三代四节,洵为希有。然钟氏犹有子继在也,方氏亦有子亮存焉。王吴二氏,则皆无子,贫又难支,惟以不愧为心耳。否则三代之旌何来乎?四节之里何称乎?一念之差,间不容发,能无勉乎?

【原文】 明陶镛卒于外。妻钟氏，年廿五，子继甫在抱，负镛骨四千余里归葬。继亦早卒，妻方氏年廿七，子亮甫二岁，以死誓。后亮举乡试①，卒，妻王氏年廿八，妾吴氏年廿二，皆无子，贫不能支。或劝之嫁。曰："吾为节妇而不克终②，即不愧他人，独不愧吾祖姑及我姑乎③？"乃共纺绩自给④，越廿六年。事闻，诏旌三代，人称之曰"四节里"。

【注释】 ①举乡试：即中举人。②克：能。③姑：婆婆。④纺绩：纺纱织麻。

【译文】 明陶镛，客死他乡。他的妻子钟氏才二十五岁，儿子陶继很小，还在母亲怀抱里。钟氏把丈夫的尸骨从四千多里远的地方背回家乡埋葬。后来陶继也很早死了，他的妻子方氏只有二十七岁，儿子陶亮才两岁，方氏誓死守节。后来陶亮中了举人后也很早死了，这时他的妻子王氏二十八岁，妾吴氏二十二岁，两个人都未生子，家里又很穷。有人劝她们改嫁。她们说："我们做节妇，如果半途而废，就算不愧对他人，难道还不愧对我们的祖婆婆和婆婆吗？"于是二人以纺纱织麻为生计，过了二十六年。她们的事迹被皇上知道了，皇上下了诏书表彰她们三代节妇，当地人把她们住的地方叫做"四节里"，以纪念她们一家四个节妇。

九十一　傅祝投汪

祝氏守節
受給於翁
誤跪羞木
投入汪中

【原评】我虽不杀伯仁，伯仁由我而死。翁之节羞二木，实欲使妇人知羞耳，初不料有狗彘不食之祝氏舅也。呜呼！妇人不识字，竟若是其苦乎。匹妇含冤，三年不雨，况含羞耶。愿为舅为妇为官者，其各慎之。

【原文】明傅四妻祝氏，早寡。舅姑逼嫁①，不从。时县令张昺立二木于庭，曰："寡妇有愿守或嫁者，跪木下受判。"其木一书节，愿守者跪之；一书羞，愿嫁者跪之。舅知祝不识字，使跪羞木下，判出。舅谓曰："张公判嫁矣。"祝归，潜投其家汪中②。舅怒，填土实汪，事久不泄。后亢旱③，昺祷不应，得梦发汪，其尸如生。乃罪舅姑，自劾而得大雨④。

【注释】①舅姑：公公婆婆。②潜：暗地里。汪：池塘。③亢旱：大旱。④自劾：自参其罪。

【译文】明朝傅四的妻子祝氏，很早就守寡了。她的公公婆婆逼她改嫁，她不肯。公公把媳妇带到官衙，求县令判决。县令名昺把两断木头立在庭上，说："守寡的妇人，下面有两段木头，代表守节和嫁人，你就跪在哪一段之下，代表你的选择。那我就可以宣判了。"那两段木头，上写"节"字的，就是给愿守节的跪的；写"羞"字的，就是给愿改嫁的跪的。公公知道祝氏不识字，就叫她跪在写"羞"字的木头下面，于是县令就判了祝氏改嫁。公公跟祝氏说："张县令判了你去改嫁。"祝氏回家后，偷偷地投到家里的池塘自尽了。公公很生气，用泥把池塘填封了。这件事，很久都没有曝露出来。后来大旱，张昺求雨也不灵验，却做了一个梦说要挖掘傅家池塘，结果发现祝氏的尸首并没有坏，如活着时一样。张昺办了祝氏公公婆婆的罪，再把自己糊涂判案的罪向上司自首，天上这才下雨。

九十二 义明不辱

义明被掠赎妾使归
我则唯命非辱闺阃

【原评】"唯命"二字,可以两用。贼方误以为乐从矣。然孙氏非有意两用也,可杀不可辱,士之女当如是也。贞烈之气,言行如一耳。若谓孙氏欲其妾之行远,而故作此语诳之,则孙氏之智仁勇,亦不可及矣。

【原文】明李鸿妻孙氏,名义明,玉山人①。以己无所出,乃为鸿置妾。妾方娠时②,值袁三反,孙氏与妾同被掠。孙氏谓贼曰:"彼有娠,愿以所携金赎之,使归续祭祀。我则唯命耳。"贼如其言。行至西湖桥畔,贼欲污之。孙氏曰:"向所谓唯命者,任汝杀耳。若将辱我,我乃儒家之女,头可断而身不可辱也。"贼恚怒③,遂杀之。

【注释】①玉山:今江西省上饶市下辖县。②娠:怀孕。③恚:愤怒,怨恨。

【译文】明朝李鸿的妻子孙氏,名义明,玉山人。孙氏自己无子,就替丈夫娶了妾。正当妾怀孕时,袁三造反,孙氏和小妾二人都被强盗捉走了。孙氏指着小妾,对强盗说:"她怀有身孕,我愿意把所有金银给你们,以赎回她,让她产子继后香火。我就任凭你们处置。"强盗依照了她的意思,放走小妾,带着孙氏继续前行。去到西湖桥边时,强盗想奸污孙氏。孙氏说:"刚才我说任凭你们处置,意思是随便你们杀了我。你们想污辱我,我是读书人家的女儿,宁可断头也不能身体受辱。"强盗听了非常愤怒,就把她杀害了。

九十三 唐王愧丽

唐妻王氏
富贵钗裙
华丽愧俭
惟俭惟勤

【原评】郭燮熙谓：唐氏科第奕世，仕宦簪缨不绝。既富贵矣，而雅尚朴素，不愧儒风。即正之妻，亦贵家女也，因见夫家朴素，遂以华丽为愧，以俭以勤，善治生业。是岂后世骄淫矜夸者，所可同日而语哉？

【原文】明唐正之妻王氏，贵家女也，奁妆极盛①。既嫁，见其夫家雅尚朴素，遂解去其所御金簪珥，而絅其华服②，若以盛丽为愧也。正之亦世家子，祖为给事中，父为郡守，兄即荆川先生，科第奕世③，不乏使令④。而王氏于中馈女红⑤，率身先诸僮婢。其所解去金簪珥，又以之易银为本，而经营什一之息⑥。拮据勤生⑦，若素处贫穷者⑧。

【注释】①奁妆：嫁妆。②絅：罩在外面的单衣。③奕世：累世，世世代代。④使令：供使唤的人。⑤中馈：指家中供膳诸事。⑥什一：十分之一。⑦拮据：经济窘迫。⑧素：平常。

【译文】明朝唐正之的妻子王氏，是富贵人家的女儿，出嫁时嫁妆的丰厚。王氏嫁到唐家后，见丈夫家里崇尚俭朴，就把所戴的金簪、金耳环通通除下，再用单衣把她穿着的华丽衣服遮住，以太华丽为惭愧。她的丈夫唐正之也是个世家子弟，祖父任给事中，父亲任太守，哥哥就是古文家荆川先生，家里累世都有功名，佣人也多。有关妇道人家应做的事，例如做饭、女工等等，王氏都会作为僮仆的表率者而亲自去做。她又把除下的金银首饰典换成银子，作本钱做买卖经营，卖价只加微薄的利息。她的拮据勤俭，就如过惯贫苦的人家一样。

九十四 徐女密缝

徐女被摄
不贻羞容
投池以死
上下密缝

【原评】孟子尝言："可以死，可以无死，死伤勇。"徐氏女则不得不死矣。里豪倚其侄之势，胁县摄之。且先使人殴施及媒妁于县门，以示声势。徐氏女其尚能免乎？密缝上下衣而投池，死后且不肯贻羞矣。

【原文】明施之济聘妻徐氏,年十五字施①。有汤某倚其侄宾尹官祭酒②,强聘之。其父不受。汤惭怒,告宾尹,胁县令摄施及徐氏父女赴质③,拟庭劫之。徐女被摄,次城东旅舍④,投池中死。上下衣皆密缝,不见寸体。见者泣下。郡守张德明临视,立祠城东。邑绅刑部尚书徐元泰家居,以同姓出为主丧受吊,远近沓至⑤。宾尹大惭。

【注释】①字:许配。②倚:仗恃。祭酒:官名。③摄:捕捉。质:对质,验证。④次:驻。⑤沓至:纷纷到来。

【译文】明朝施之济的未婚妻徐氏,十五岁就许配给施家了。有个姓汤的人,仗着他的侄儿汤宾尹是祭酒官,强行向徐家下聘礼要娶徐女。徐父不肯收他的聘礼。那个姓汤的人又惭愧又愤怒,把这件事告诉侄儿。汤宾尹强迫县官把施之济和徐氏父女一起捉到县衙里审问,准备在衙门里抢走徐氏。徐氏被他们捉住后,住在城东的旅馆里,自己投入水池自尽。她上下身的衣裳都密密地缝着,把全身都遮盖着。看见她尸体的人都悲伤流泪。太守张德明也亲自过来看,为徐女在城东立了一个祠堂以表贞节。城东的大乡绅刑部尚书徐元泰,因为和徐氏是同姓,就去祠堂替徐氏主持丧事,远近的人都纷纷赶来凭吊。汤宾尹感到非常惭愧。

九十五 张黄弃簪

黄氏避贼
匿子山阴
贼物污首
拔弃金簪

【原评】泣止其夫莫为掌旅,忠矣;携十岁儿匿青山砦,义矣;拔弃贼之金簪,不使污其子首,廉耻之至矣。天壤间妇人之见识,有时反高出于男子,如张黄氏者是也,不贤而能之乎?

【原文】 明张挺然妻黄氏,孝感人①。崇祯末,贼帅白旺陷德安②,授挺然为伪掌旅③。黄氏泣止之。不听。贼令挺然取黄氏以为质④。黄氏携十岁儿匿青山砦⑤。挺然百计致之。黄氏终不出。挺然寄儿一金簪,儿以绾其发⑥。黄氏拔弃之,曰:"何为以贼物污其首?"未几,贼败,挺然走死襄阳⑦。黄氏乃躬自耕织,抚子成立。后以寿终。

【注释】 ①孝感:今湖北省孝感市。②德安:今湖北省安陆县。③伪掌旅:贼人所封赠的官名。④质:人质。⑤青山砦:青山寨,在今湖北省孝感市。⑥绾:用以盘结头发。⑦襄阳:今湖北省襄阳市。

【译文】 明朝张挺然的妻子黄氏,孝感人。崇祯末年,贼寇的元帅白旺攻破德安城,任命张挺然为掌旅官。黄氏哭着劝丈夫不要为贼寇做事,但丈夫不听。贼寇叫张挺然把黄氏送入贼军做人质。黄氏知道,就带着十岁的儿子躲到青山砦里。张挺然想尽办法叫黄氏出来,黄氏终不肯出来。张挺然给儿子寄了一支金簪,儿子用金簪挽发。黄氏见了,把儿子头上的金簪拔下扔掉,说:"怎么可以戴贼寇的物件以玷污了你的头?"不久,贼寇被打败了,张挺然在逃向襄阳途中死了。黄氏亲自耕田织布,把儿子抚养成人。她后来得以寿终正寝。

九十五 张黄弃簪

九十六 谢刘一间

刘氏遇火
留屋一间
姑死妇免
云有何颜

【原评】谢刘氏，一农家女耳。家赤贫，屋湫隘。岁饥荒，以针黹所得，市甘旨奉姑，而自啖糠秕。姑犹怒其薄己，百方毒之也。至夜火泣誓同死，姑因感悔，爱如己出。其或为"姑死妇免，何颜见夫"之一语所感乎。

【原文】 明谢某妻刘氏,早寡。姑性悍①,邻里畏如虎,刘奉事维谨。邻家夜火,刘急起,趋姑榻,请姑出避。姑曰:"吾非不欲免,如有束缚何。吾死矣,汝急去,毋俱烬也②。"刘曰:"夫亡无子,姑所恃者妇耳③。今姑死妇免,他日何面目见夫地下?"请俱死,抱姑而泣。已而火环爇四面④,谢家独无恙,岿然一间⑤,见者神焉。里人重其行,号曰"一间楼"。

【注释】 ①悍:凶狠,蛮横。②烬:成为灰烬,即烧死。③恃:依赖。④爇:焚烧。⑤岿然:独存的样子。

【译文】 明朝谢门刘氏,很早就守寡了。她的婆婆性格蛮横,邻居见到她的婆婆就像见到老虎一样害怕。刘氏小心恭谨地侍奉着婆婆。有一天晚上,邻居失火,刘氏赶紧起来,走到婆婆卧榻旁边,叫醒婆婆一起逃出去。婆婆说:"我不是不想逃走,但好像有绳索绑着我一样,走不动。看来我要死了,你快走吧,不然我们两人都要死。"刘氏说:"我的丈夫死了,我又没有儿子,你所能依靠的人,就只有我了。如果你死了,我独自逃走活命,那我将来还有什么面目到黄泉下去见丈夫呢?我们婆媳二人一起死吧。"说完就抱着婆婆哭。不一会儿,大火已经把四周的房屋都烧掉,只有谢家一间房子无碍,孤零零地立着。看见的人都觉得非常惊异。那里的人都很敬重刘氏的节义行为,就把她们的房子叫做"一间楼"。

九十六 谢刘一间

豫让行乞图